U0511965

《安徽省国有企业采购操作指南》
编委会

主　任：殷君伯

顾　问：蒋义平

主　编：陆晓军

副主编：汤海燕　贾海波　花　艳

参编人员：姚阳春　都　丹　汪晓菲　李　旭

　　　　　吴健雄　李文波　高恒景　孙　丽

　　　　　黄文元　陈少炜　罗永倞

安徽省国有企业 采购操作指南

安徽省招标采购协会◎组织编写

全 国 百 佳 图 书 出 版 单 位
ART TIME 时代出版传媒股份有限公司
安 徽 人 民 出 版 社

图书在版编目（CIP）数据

安徽省国有企业采购操作指南 / 安徽省招标采购协会组织编写 . --
合肥 : 安徽人民出版社 ,2021.11
ISBN 978-7-212-10812-0

Ⅰ . ①安… Ⅱ . ①安… Ⅲ . ①国有企业—采购—安徽—指南 Ⅳ .
① F279.241-62

中国版本图书馆 CIP 数据核字 (2021) 第 170427 号

安徽省国有企业采购操作指南

安徽省招标采购协会　组织编写

出 版 人：陈宝红　　　　　　　　　　　责任编辑：李　芳
责任印制：董　亮　　　　　　　　　　　装帧设计：陈　爽

出版发行：时代出版传媒股份有限公司 http://www.press - mart.com
　　　　　安徽人民出版社 http://www.ahpeople.com

地　　址：合肥市政务文化新区翡翠路 1118 号出版传媒广场八楼　　邮编：230071

电　　话：0551-63533258　0551-63533259（传真）

印　　刷：安徽省人民印刷有限公司

开本：787mm×1092mm　1/16　　印张：19.5　　字数：300 千
版次：2021 年 11 月第 1 版　　　　2021 年 11 月第 1 次印刷

ISBN 978 - 7 - 212 - 10812 - 0　　　　　　　　定价：86.00 元

版权所有,侵权必究

前　言

　　国有企业是国民经济的重要支柱,招标采购活动是国有企业日常经营管理中的重要一环。国有企业采购具有项目量多、资金规模大、影响面广、时效性强等特点,其对于加强宏观调控、培育公平竞争的市场体系、促进招标采购市场的规范发展具有引领和示范作用。为此,提升当前安徽省国有企业采购的信息化水平,解决采购规则的针对性、有效性与快速发展的采购实践之间的不相适应等问题十分重要。

　　在公共采购领域内,为寻求企业决策和企业诉求,引导制定行业规范及开展会员间的沟通交流、提高专职从业人员能力水平等提供服务,安徽省招标采购协会第三届企业招标采购专业委员会工作小组,赴省内外多家国有企业开展调研活动,以安徽省内国有企业采购现状为背景,承袭前两届专业委员会智慧成果并融合自身创新思路与省外先进采购经验,编制了《安徽省国有企业采购操作指南》(以下简称"本指南")。

　　本指南在内容的取舍和篇章结构的设计上都力求理论性和实用性并重,涵盖对当前国有企业采购方式及采购程序的细化解读,阐释国有企业采购程序中的疑难问题,从合法合规角度出发提炼解决方案,采用案例分析的方式,以案释法,对中标合同签订、采购程序异议处理等采购人关注的核心环节内容进行阐述,是一本兼具理论深度与现实可操作性的适用于安徽省国有企业采购的指导用书。

　　本指南的另一大亮点在于创新思路,对采购人内部如何规范高效经济性采购,提出了建议。本指南立足国企背景,从建立企业内控制度、搭建供应商信用体系、明确时限要求、重点环节实行集体决策机制、强化内部监督角度,提出可行性建议。本指南的出版对进一步落实内外部巡视巡察、审计要求,顺应当前国家关于优化营商环境的整体趋势,助力安徽省国有企业采购提质增效都有重要的意义。

安徽安天利信工程管理股份有限公司及其专业团队为本指南的成稿付出了大量辛勤的劳动,企业招标采购专业委员会成员单位相关专家也提出了很多宝贵意见,在此谨表谢忱!

安徽省招标采购协会

2021 年 11 月

目　录

1 总 则

1.1 为提升安徽省国有企业中非依法必须招标项目^①采购效率，促进采购流程标准化，根据安徽省国有企业非依法必须招标项目的采购特点及采购习惯，制定本指南。

1.2 本指南旨在说明安徽省国有企业的采购流程和通用要求，以及各种采购方式的适用条件和程序规则。

1.3 本指南属于行业推荐性指南，用于指导实施非依法必须进行招标项目的采购程序工作。

1.4 本指南提供了非依法必须进行招标项目的采购方式。涵盖公开招标和邀请招标、比选采购、竞价采购、谈判采购、直接采购、其他采购等多种采购方式。

1.5 本指南遵循现行法律体系，后期将根据法律的更迭调整指南内容。

---

① 非依法必须招标项目：不属于法律规定必须进行招标的项目范围且未达到规定规模标准，若自愿采用招标方式的，应当遵守《招标投标法》及其配套法律法规的规定，但《招标投标法》及其配套法律法规中专门适用于"依法必须招标项目"的条款规定，自愿招标的项目可以不适用；非依法必须招标项目，采购人可以建立自己的采购制度，选用招标以外的其他采购方式。

2 适用范围

2.1 本指南可适用于安徽省国有企业在中国境内开展的非依法必须招标项目的采购活动,也适用于安徽省省内依法设立的采购代理机构及其从业人员,为国有企业等采购人提供的非依法必须招标项目采购代理服务。

2.2 依法必须进行招标的项目,符合法定条件可不招标或招标失败后依法不再招标的,可采用本指南中的非招标方式采购。

2.3 采购代理机构可依据有关法律法规和本指南,结合自身特点和需要,制定非招标方式采购代理服务的工作规程。

3 术语和定义

3.1 招标(采购)项目

招标人(采购人)提出的拟进行采购的工程、货物或服务项目。

3.2 招标人(采购人)

提出并组织实施采购项目的法人、非法人组织或法律许可的其他主体。

3.3 采购代理机构

依法设立并提供采购代理服务的社会中介组织。

3.4 投标人(供应商)

参加采购活动,有意向为招标人(采购人)提供工程、货物或服务的法人、非法人组织或自然人。

3.5 评标委员会

公开招标和邀请招标中,由招标人组建的负责按照招标文件规定的程序对投标人提交的投标文件进行评审和比较,并向招标人推荐中标候选人或根据招标人的授权直接确定中标人的临时性组织。

3.6 谈判小组

谈判采购和直接采购中,由采购人组建的负责按照采购文件规定的程序与供应商进行谈判、对响应文件进行评审和比较,并向采购人推荐成交候选供应商或根据采购人的授权直接确定成交供应商的临时性组织。

3.7 评审小组

比选采购和竞价采购中，由采购人组建的负责按照采购文件规定的评审方法和标准对响应文件进行评审和比较，并向采购人推荐成交候选供应商或根据采购人的授权直接确定成交供应商的临时性组织。

3.8 评审方法

3.8.1 最低价评审法

最低价评审法是在投标（响应）文件满足采购文件实质性要求的前提下，按照投标人（供应商）经评审的价格由低到高的顺序确定投标人（供应商）优先次序的评审方法。

最低价评审法适用于技术、服务等标准统一的货物和服务以及具有通用技术标准的工程采购项目。

3.8.2 综合评分法

综合评分法是在投标（响应）文件满足采购文件实质性要求的前提下，按照采购文件中规定的各项评审因素和方法对投标（响应）文件进行评分，依据投标人（供应商）综合得分由高到低的顺序确定供应商优先顺序的评审方法。

综合评分法通常适用于技术、服务、工程复杂的采购项目。

3.8.3 其他评审方法

其他评审方法是在投标（响应）文件满足采购文件实质性要求的前提下，按照有利于项目实施原则及公平公正原则，合理确定成交供应商的评审方法。

4 采购方式及采购程序①

4.1 公开招标

4.1.1 定义

采购人自愿以招标公告的形式邀请不特定的潜在投标人投标，完成非依法必须招标项目的一种采购方式。

4.1.2 公开招标适用条件

（1）采购需求明确；

（2）采购标的具有竞争条件；

（3）采购时间允许；

（4）采购成本合理。

4.1.3 评审方法

最低价评审法与综合评分法都可适用。

4.1.4 采购程序

（1）招标程序

① 编制招标文件

招标人或代理机构应编制招标文件，文件内容参照有关标准招标文件的相关要

---

① 本指南所述采购方式不属于政府采购法及其相关法律法规中规定的采购方式，采购方式名称仅参考现行法律规范规定。在适用本指南时应对此加以区分。

求。(后附示范文本)

② 发布招标公告

招标人或代理机构应在企业指定媒介发布招标公告。

招标公告应当载明招标人的名称和地址,投标人资格条件,招标项目的性质、数量、实施地点和时间,以及获取招标文件的时间和方式等事项。

③ 发售招标文件

招标文件的发售期应不少于5日。

潜在投标人持单位授权委托书或经办人身份证获取招标文件,采用电子信息网络平台开展采购活动的项目应通过电子信息网络平台获取。

④ 招标文件的澄清和修改(如有)

招标人可以对已发出的招标文件进行必要的澄清或者修改。澄清或者修改的内容可能影响投标文件编制的,招标人应当按《中华人民共和国招标投标法》(以下简称《招标投标法》)及其实施条例规定的时限,以书面形式通知所有获取招标文件的潜在投标人;不足法律规定时限的,招标人应当顺延提交投标文件的截止时间。

潜在投标人或其他利害关系人对招标公告或招标文件有异议的,应当按《招标投标法》及其实施条例规定的时限提出。招标人应当自收到异议之日起3日内作出答复;作出答复前,应当暂停招标投标活动。需要检验、检测、鉴定、专家评审的,所需时间不计算在内。

⑤ 踏勘现场和投标预备会(如有)

招标人根据招标项目的具体情况,可以组织潜在投标人踏勘项目现场或召开投标预备会,给予所有潜在投标人平等的参加机会,由潜在投标人自主决定是否参加。

如召开投标预备会,招标人应在投标人须知中载明预备会召开的时间、地址。

(2)投标程序:提交投标文件

① 投标人应在招标文件要求提交投标文件的截止时间前,将投标文件送达投标地点或者电子招标投标交易系统。

② 投标文件应按照招标文件要求的密封条件密封,采用电子招投标交易方式的项目应加密在电子招标投标交易系统进行投标。

③ 招标文件要求提供投标担保和履约担保的,投标人应按照招标文件要求提供。

（3）开标程序：开标会议

① 开标会议由招标人或代理机构主持。开标应在招标文件确定的提交投标截止时间的同一时间进行。开标地点应当为招标文件中预先确定的地点或发出招标文件的电子招投标交易系统。开标过程应当记录，并存档备查。

② 提交投标文件的投标人不足 3 个，依据法律规定决定是否继续开展招标投标活动，若需中止招标投标活动的，经招标人采购主管部门或单位（包括招标人内部主管采购的部门、招标人的上级单位或主管采购的其他机构）批准或依企业制度规定，该采购项目可直接转入其他采购方式采购。

③ 投标人对开标活动有异议应当场提出，招标人应当场作出答复，并形成书面文字记录。

（4）评标程序

① 组建评标委员会

招标人应负责组建评标委员会，评标委员会成员建议为 5 人以上单数。[①]

评标委员会组成人员的构成、专家资格条件等应由企业制度规定。招标人认为项目技术复杂或随机抽取不能满足评审需要时可直接指定部分专家或全部专家，指定的范围不限于企业咨询专家委员会的名单。

指定专家的理由应在评标报告中说明。

② 评标委员会依法评标

评标委员会应依照法律和招标文件规定的评标标准和方法进行评审。

评标委员会完成评标后，应撰写评标报告并按招标文件规定的数量向招标人推荐中标候选人；在电子信息网络平台自动生成评标报告的，评标委员会成员应审核并在线签字或签章。评标委员会可以对每个中标候选人的特点、优势、风险等评审情况和推荐理由进行说明。

③ 中标候选人公示（如有）

中标候选人一般应不超过 3 个（第一阶段框架协议采购项目除外，进行预选投

---

① 评标委员会人数要求：现行法律仅对依法必须进行招标项目的评标委员会的组成有强制性要求，对非依法必须进行招标的项目法律上未做明确要求，因此本指南中针对招标方式（含邀请招标）进行采购的项目，评标委员会成员建议为 5 人以上单数，招标人可以根据项目复杂程度合理确定评标专家人数，但应为单数。

标人资格招标的中标候选人按实际数量公告），中标候选人是否排序由招标文件规定。如招标人选择公示中标候选人的，则应当在企业指定媒介上进行公示。

（5）定标程序

① 确定中标人

招标人依据招标文件规定的定标方式在评标委员会推荐的中标候选人里确定中标人。如有排序，招标人认为第一名不能满足采购需要，可以在推荐的中标候选人名单中依次确定其他候选人为中标人，但应在招标投标情况书面报告中说明理由。[①]

② 中标通知

中标人确定后，招标人应当向中标人发出中标通知书，并同时将中标结果通知所有未中标的投标人。

提示：招标失败的，经招标人采购主管部门或单位（包括招标人内部主管采购的部门、招标人的上级单位或主管采购的其他机构）批准或依企业制度规定，招标人可直接采用其他采购方式采购。

4.2 邀请招标

4.2.1 定义

采购人直接以投标邀请书的形式，邀请特定的法人、非法人组织或者自然人参与投标的采购方式。

4.2.2 邀请招标适用以下情形

（1）技术复杂、有特殊要求或者受自然环境限制，只有少量潜在投标人可供选择；

（2）市场竞争充分，但不同档次产品价格差异较大，需要按档次进行采购的；

（3）涉及国家安全、国家机密、商业秘密等，不适宜进行公开发布招标公告的；

（4）招标人建立了较为完善的供应商库及管理评价体系，可依据考核评价结果优先在供应商库内选择供应商的。

---

① 根据《中华人民共和国招标投标法实施条例》规定，仅国有资金占控股或者主导地位的依法必须进行招标的项目才必须确定排名第一的中标候选人为中标人。对于除此之外的其他类型的项目，并没有明确的限定要求，即招标人有权选择非排名第一的中标候选人为中标人。

4.2.3 评审方法

最低价评审法与综合评分法都可适用。

4.2.4 采购程序

（1）招标程序

① 编制招标文件

招标人或代理机构应编制招标文件，文件内容参照有关标准招标文件的相关要求。（后附示范文本）

② 发出投标邀请函

招标人应当确定邀请的投标人名单并发出投标邀请函。

邀请的投标人数量不少于3个。

投标邀请函应当载明招标人的名称和地址，投标人资格条件，招标项目的性质、数量、实施地点和时间，以及获取招标文件的时间和方式等事项。

③ 发售招标文件

招标文件的发售期应不少于5日。

投标人持单位授权委托书和经办人身份证获取招标文件，采用电子信息网络平台开展采购活动的项目应通过电子信息网络平台获取。

④ 招标文件的澄清和修改（如有）

招标人可以对已发出的招标文件进行必要的澄清或者修改。澄清或者修改的内容可能影响投标文件编制的，招标人应当按《招标投标法》及其实施条例规定的时限，以书面形式通知所有获取招标文件的潜在投标人；不足法律规定时限的，招标人应当顺延提交投标文件的截止时间。

潜在投标人或其他利害关系人对投标邀请书或招标文件有异议的，应当按《招标投标法》及其实施条例规定的时限提出。招标人应当自收到异议之日起3日内作出答复；作出答复前，应当暂停招标投标活动。需要检验、检测、鉴定、专家评审的，所需时间不计算在内。

⑤ 踏勘现场和投标预备会（如有）

招标人根据招标项目的具体情况，可以组织潜在投标人踏勘项目现场或召开投标预备会，给予所有潜在投标人平等的参加机会，由潜在投标人自主决定是否参加。

如召开投标预备会,招标人应在投标人须知中载明预备会召开的时间、地址。

(2)投标程序:提交投标文件

① 投标人应在招标文件要求提交投标文件的截止时间前,将投标文件送达投标地点或者电子招标投标交易系统。

② 投标文件应按照招标文件要求的密封条件密封,采用电子招投标交易方式的项目应加密在电子招标投标交易系统进行投标。

③ 招标文件要求提供投标担保和履约担保的,投标人应按照招标文件要求提供。

(3)开标程序:开标会议

① 开标会议由招标人或代理机构主持。开标应在招标文件确定的提交投标截止时间的同一时间进行。开标地点应当为招标文件中预先确定的地点或发出招标文件的电子招投标交易系统。开标过程应当记录,并存档备查。

② 提交投标文件的投标人不足 3 个,依据法律规定确定是否继续开展招标投标活动,若中止招标投标活动的,投标文件退还投标人。经招标人采购主管部门或单位(包括招标人内部主管采购的部门、招标人的上级单位或主管采购的其他机构)批准或依企业制度规定, 该采购项目可转入其他采购方式采购。

③ 投标人对开标活动有异议应当场提出,招标人应当场作出答复,并形成书面文字记录。

(4)评标程序

① 组建评标委员会

招标人应负责组建评标委员会,评标委员会成员建议为 5 人以上单数。

评标委员会组成人员的构成、专家资格条件等应由企业制度规定。招标人认为项目技术复杂或随机抽取不能满足评审需要时可直接指定部分专家或全部专家,指定的范围不限于企业咨询专家委员会的名单。

指定专家的理由应在评标报告中说明。

② 评标委员会依法评标

评标委员会应依照法律和招标文件规定的评标标准和方法进行评审。

评标委员会完成评标后,应撰写评标报告并按招标文件规定的数量向招标人推荐中标候选人;在电子信息网络平台自动生成评标报告的,评标委员会成员应审核并在线签字或签章。评标委员会可以对每个中标候选人的特点、优势、风险等评审情况和推荐理由进行说明。

③ 中标候选人通知（如有）

中标候选人一般不超过 3 个，中标候选人是否排序由招标文件约定。如招标人选择公布中标候选人的，则应当对邀请的全部投标人发送中标候选人通知。

（5）定标程序

① 确定中标人

招标人依据招标文件规定的定标方式在评标委员会推荐的中标候选人里确定中标人。如有排序，招标人认为第一名不能满足采购需要，可以在推荐的中标候选人名单中依次确定其他候选人为中标人。但应在招标投标情况书面报告中说明理由。

② 中标通知

中标人确定后，招标人应当向中标人发出中标通知书，并同时将中标结果通知所有未中标的投标人。

提示： 采用邀请招标失败的，经招标人采购主管部门或单位（包括招标人内部主管采购的部门、招标人的上级单位或主管采购的其他机构）批准或依企业制度规定，招标人可直接采用其他采购方式采购。

4.3 比选采购

4.3.1 定义

比选采购是采购人组建评审小组，对参选供应商提交的响应文件，按照采购文件的要求进行评审，采购人根据评审小组的评审结果，确定成交供应商的采购方式。

4.3.2 比选采购适用条件

通常适用于采购人可准确提出采购项目需求和技术要求、市场竞争比较充分的采购项目。

4.3.3 评审方法

最低价评审法与综合评分法都可适用。

4.3.4 采购程序

（1）编制比选文件

采购人或代理机构应编制采购文件，采购文件主要包括以下内容：

①比选公告或比选邀请书

②供应商须知

③评审办法

④合同条款及格式

⑤采购需求

⑥响应文件格式

⑦其他内容

（2）编制并发出比选公告或比选邀请函

采购人或代理机构公开发布比选公告或向供应商发出比选邀请函。比选公告或比选邀请函内容应包括采购人的名称和地址，供应商资格条件，采购项目的性质、数量、实施地点和时间，以及获取比选文件的方式等事项。

（3）发售比选文件

采购人或代理机构应按照比选公告或比选邀请函中规定的时间、地点和方式，发售比选文件。比选文件发售时间截止后，如领取、购买比选文件的供应商数量未达到比选文件中要求的供应商数量，采购人或代理机构可以适当延长比选文件发售期限。

供应商持单位授权委托书和经办人身份证获取比选文件，采用电子信息网络平台开展采购活动的项目应通过电子信息网络平台获取。

（4）踏勘现场（如有）

采购人可以根据项目需求组织供应商踏勘项目现场，给予所有参选供应商平等的参加机会，由其自主决定是否参加。

（5）比选文件的澄清和修改（如有）

供应商提交响应文件截止之日前，采购人或代理机构可对已发出的比选文件进行必要的澄清或修改，澄清或修改的内容作为比选文件的组成部分。采购人或代理机构应及时将澄清或修改的内容按照比选文件的要求通知所有收到比选文件的供应商。采购人或代理机构应保证供应商有足够时间修改和补充其响应文件并参加采购活动,否则,应顺延提交响应文件的截止时间。

(6)提交响应文件

供应商应在比选文件要求提交响应文件的截止时间前,将响应文件送达比选地点或者电子交易系统。

提交响应文件的供应商不足 3 个的,经采购人采购主管部门或单位(包括采购人内部主管采购的部门、采购人的上级单位或主管采购的其他机构)批准或依企业制度规定,采购活动可继续进行;提交响应文件的供应商不足 2 个,使得比选项目缺乏竞争的,采购活动中止,经采购人采购主管部门或单位(包括采购人内部主管采购的部门、采购人的上级单位或主管采购的其他机构)批准或依企业制度规定,该采购项目可转入直接采购方式采购。

提示:上述规则可预先规定在比选文件中。

响应文件应按照比选文件要求的密封条件密封,采用电子交易方式的项目应加密在电子交易系统进行。比选文件要求提供比选担保和履约担保的,供应商应按照比选文件要求提供。

(7)组建评审小组

采购人应负责组建评审小组,评审小组成员应为 3 人以上单数。

评审小组人员的构成、专家资格等应由企业制度规定。采购人认为项目技术复杂或随机抽取不能满足评审需要时可直接指定部分专家或全部专家,指定的范围不限于企业咨询专家委员会的名单。

指定专家的理由应在评审报告中说明。

(8)评审小组评审

评审小组应依照比选文件规定的评审办法进行评审。

评审小组应撰写评审报告并向采购人推荐合格的候选成交供应商,在电子交易平台自动生成评审报告的,评审小组成员应审核并在线签字或签章。

(9)候选成交供应商公示及公布(如有)

候选成交供应商一般不超过 3 家(第一阶段框架协议采购项目除外),候选成交供应商是否排序由比选文件约定。如采购人选择公示及公布候选成交供应商的,采用公开发布公告方式的,可以在企业指定媒介上进行公示。采用邀请方式的,可以对全部供应商发送候选成交供应商通知。

（10）确定成交供应商

采购人依据采购文件规定的方式在评审小组推荐的候选成交供应商中确定成交供应商。如有排序，采购人认为第一名不能满足采购需要，可以在推荐的候选成交供应商名单中依次确定其他候选供应商为成交供应商。但应在采购情况书面报告中说明理由。

（11）成交通知

成交供应商确定后，采购人应当向成交供应商发出成交通知书，并同时将成交结果通知所有未成交供应商。

4.4 竞价采购

4.4.1 定义

竞价采购是采购人对参与竞价的供应商按照采购文件规定的规则和时限多次提交的竞争性报价进行评价排序，并确定成交供应商的采购方式。

4.4.2 竞价采购适用条件

通常适用于技术参数明确、完整，规格标准基本统一、通用，市场竞争比较充分的采购项目，且通常在电子竞价平台上在线进行。以价格竞争为主的物资出售、权益出让等交易活动，可参照竞价采购方式实施。

4.4.3 评审方法

最低价评审法或者其他评审方法。

4.4.4 采购程序

（1）编制竞价文件

采购人或代理机构应编制竞价文件，竞价文件主要包括以下内容：

①竞价公告或竞价邀请书

②供应商须知

③竞价规则

④合同条款

⑤采购需求

⑥其他内容

（2）发布竞价公告或竞价邀请

采用公告邀请的，通过企业指定媒介发出采购公告；直接邀请供应商的，应向被邀请供应商发出采购邀请书。

（3）发售竞价文件

供应商在电子竞价平台进行注册。

需进行竞价资格审查的，供应商在电子竞价平台上传提交资格证明文件和标的物情况说明等。采购人或代理机构负责组织对供应商的竞价资格进行审查。

供应商在电子竞价平台上下载竞价文件。

（4）踏勘现场（如有）

采购人可以根据项目需求组织供应商踏勘项目现场，给予所有获取竞价文件的供应商平等的参加机会，由其自主决定是否参加。

（5）组建评审小组（如有）

如需对供应商报价进行审核的，代理机构协助采购人组建评审小组，评审小组由3人以上单数组成。

（6）供应商报价

供应商按照电子竞价平台的提示，在规定的时间轮次或时限内多次提交竞争性报价。

（7）平台自动排名

电子竞价平台根据采购文件规定，自动计算供应商排名。

（8）组织价格评审（如有）

对排名前三的供应商报价进行评审，评估报价的合理性。

（9）确定成交供应商

采购人或代理机构依据采购文件的规定确定成交供应商。

（10）发出成交通知书

向成交供应商发出成交通知书。

（11）告知竞价结果

采用公告邀请的竞价项目发布竞价结果公告，采用直接邀请的项目向所有供应商发出成交结果通知。

4.5 谈判采购

4.5.1 定义

谈判采购是采购人组建的谈判小组与响应采购的供应商依次分别进行一轮或多轮谈判并对其提交的响应文件进行评审，采购人根据谈判小组最终谈判结果及其评审结论，确定成交供应商的采购方式。

4.5.2 谈判采购适用以下情形

（1）采购人不能准确地提出采购项目需求及其技术要求，需要与供应商谈判后研究确定的；

（2）采购需求明确，但有多种实施方案可供选择，采购人需要与供应商谈判从而优化、确定实施方案的；

（3）采购项目市场竞争不充分，已知潜在供应商比较少，或采用招标、比选方式采购的项目，采购过程中提交投标（响应）文件或者经评审实质性响应招标（采购）文件要求的供应商不足3家的。

4.5.3 评审方法

最低价评审法与综合评分法都可适用。

4.5.4 采购程序

（1）编制谈判文件

采购人或代理机构应编制采购文件，采购文件主要包括以下内容：

①谈判公告或谈判邀请书

②供应商须知

③评审办法

④合同条款

⑤采购需求

⑥响应文件格式

⑦其他内容

（2）编制并发出谈判公告或谈判邀请函

采购人或代理机构公开发布采购公告或向2家以上供应商发出采购邀请函。采购公告或采购邀请函内容应包括采购人的名称和地址,供应商资格条件,采购项目的性质、数量、实施地点和时间,以及获取采购文件的办法等事项。

（3）发售谈判文件

采购人或代理机构应按照采购公告或采购邀请函中规定的时间、地点和方式,发售采购文件。采购文件发售时间截止后,如领取、购买采购文件的供应商数量未达到采购文件中要求的供应商数量,采购人或代理机构可以适当延长采购文件发售期限。

供应商持单位授权委托书和经办人身份证获取采购文件,采用电子信息网络平台开展采购活动的项目应通过电子信息网络平台获取。

（4）踏勘现场（如有）

采购人可以根据项目需求组织供应商踏勘项目现场,给予所有获取采购文件的供应商平等的参加机会,由其自主决定是否参加。

（5）采购文件的澄清和修改（如有）

供应商提交响应文件截止之日前,采购人或代理机构可对已发出的采购文件进行必要的澄清或修改,澄清或修改的内容作为采购文件的组成部分。采购人或代理机构应及时将澄清或修改的内容按照采购文件的要求通知所有收到采购文件的供应商。采购人或代理机构应保证供应商有足够时间修改和补充其响应文件并参加采购活动,否则,应顺延提交响应文件的截止时间。

（6）提交响应文件

供应商应在采购文件要求提交响应文件的截止时间前[①]将响应文件送达谈判地点或者电子交易系统。

提交响应文件的供应商不足 2 家,使得谈判项目缺乏竞争的,采购活动中止,经采购人采购主管部门或单位（包括采购人内部主管采购的部门、采购人的上级单位或主管采购的其他机构）批准或依企业制度规定,该采购项目可转入直接采购方式采购。

响应文件应按照采购文件要求的密封条件密封,采用电子交易方式的项目应加密在电子交易系统进行。

---

① 提交响应文件的截止时间：采用最低价评审法的谈判项目建议采购文件发出之日起至供应商提交响应文件截止时间不少于 5 日；采用综合评分法的谈判项目建议采购文件发出之日起至供应商提交响应文件截止时间不少于 10 日。

采购文件要求提交谈判担保或履约担保的,供应商应按照采购文件要求提供。

（7）组建谈判小组

采购人应负责组建谈判小组,谈判小组成员应为 3 人以上单数。

谈判小组人员的构成、专家资格等应由企业制度规定。采购人认为项目技术复杂或随机抽取不能满足评审需要时可直接指定部分专家或全部专家,指定的范围不限于企业咨询专家委员会的名单。

指定专家的理由应在评审报告中说明。

（8）谈判及评审

初步评审。谈判小组对供应商提交的响应文件进行初步评审,初步评审包括对供应商进行资格审查和对响应文件的响应性进行审查。

谈判。谈判小组与所有通过初步评审的供应商进行谈判。谈判的范围可以对采购需求中的技术、服务要求以及合同条款等内容进行深入细致的谈判。

重新提交响应文件(如需要)。供应商按照采购文件修改后的内容和要求重新提交响应文件。

供应商按照采购文件即谈判要求,提交最终报价或最终方案。所有供应商在规定时间内进行最终报价或提交最终方案。

详细评审及推荐候选成交供应商。谈判小组对供应商的最终报价或最终方案进行评审,按照采购文件规定的数量推荐候选成交供应商。

编写评审报告。谈判小组应根据谈判情况和评审结果编写评审报告。

（9）候选成交供应商公示及公布(如有)

如采购人选择公示及公布候选成交供应商的,采用公开发布公告方式的,可以在企业指定媒介上进行公示。采用邀请方式的,可以对全部供应商发送候选成交供应商通知。

（10）确定成交供应商

采购人依据采购文件规定的方式在谈判小组推荐的候选成交供应商中确定成交供应商。如有排序,采购人认为第一名不能满足采购需要,可以在推荐的候选成交供应商名单中依次确定其他候选供应商为成交供应商。但应在采购情况书面报告中说明理由。

（11）成交通知

成交供应商确定后，采购人应当向成交供应商发出成交通知书，并同时将成交结果通知所有未成交供应商。

4.6 直接采购

4.6.1 定义

直接采购是采购人组建谈判小组与某一特定供应商进行谈判，采购人根据谈判结果直接签订合同的采购方式。此种采购方式要求采购人在采购项目需求的技术、经济等方面具有物有所值的评价能力。

4.6.2 直接采购是一种非竞争性的采购方式，通常适用于以下情形

（1）只能从唯一供应处采购的，包括需要采用不可替代的专利或专有技术的；

（2）为了保证采购项目与原采购项目技术功能需求一致或配套的要求，需要继续从原供应商处采购的；

（3）因抢险救灾等不可预见的紧急情况需要进行紧急采购的；

（4）为执行创新技术推广运用，提高重大装备国产化水平等国家政策，需要直接采购的；

（5）涉及国家秘密或企业秘密不适宜进行竞争性采购的；

（6）潜在供应商与采购人存在控股或者管理关系，且依法有资格能力提供相关货物、工程或服务的；

（7）同一集团内部各成员单位采购结果的共享；

（8）其他符合有利于项目实施情形的。

4.6.3 评审方法

其他评审方法，采购人应当组织具有相关经验的专业人员与供应商商定合理的成交价格并保证采购项目质量。

4.6.4 采购程序

（1）编制谈判文件

采购人或代理机构应编制采购文件，采购文件主要包括以下内容：

①采购邀请书

②供应商须知

③采购需求

④合同条款

⑤响应文件格式

⑥其他内容

（2）发售谈判文件

向采购人确定的特定供应商发出采购文件。

（3）组建谈判小组

采购人应负责组建谈判小组，谈判小组成员应为3人以上单数。

（4）初步评审

谈判小组对供应商提交的响应文件进行初步评审，据此制定谈判策略。

（5）谈判

谈判小组根据确定的谈判策略与供应商就商务、技术方案和合同条款等内容进行谈判。

（6）详细评审

谈判小组对谈判的结果进行详细评审和合理性分析。

（7）编写评审报告

谈判小组根据预期的谈判目标综合谈判过程编写评审报告，推荐成交理由或提出谈判建议，采购人将根据谈判建议开展后续采购活动。如供应商无法满足采购需求而导致谈判终止，采购人将另行确定供应商重新开展采购活动。

（8）确定成交供应商

依据采购文件及评审报告确定成交供应商。

（9）成交通知

成交供应商确定后，采购人应当向成交供应商发出成交通知书。

5 其他采购形式及采购程序中的常见疑难事项应对措施

5.1 其他采购形式

5.1.1 框架协议采购

（1）定义

框架协议采购程序主要分为两个阶段。第一阶段是采购人先与供应商以框架协议确定工程、货物或服务的采购单价或价格形成机制、交易条件、质量标准、协议有效期限等内容；第二阶段采购人或项目单位根据实际采购数量需求与供应商订立采购合同。

其合同形式包括供货安排、交货期不定/交付量不定的合同或任务订单，目录合同，总括合同等，定点服务和协议供货属于框架协议的常见形式。

（2）框架协议采购适用范围

通常适用于采购计划难以确定、重复采购、零星采购或满足个别紧急的工程、货物和服务采购项目。框架协议的主要目的是提高采购效率，降低交易成本。在此基础上，降低合同成本，保证合同的顺序履行。

（3）框架协议采购形式

框架协议第一阶段可以通过招标、谈判、比选等方式确定入围供应商。框架协议第二阶段采用固定价格的，采购人可以直接与供应商订立书面合同，各个供应商分配的份额应当合理；第二阶段采用非固定价格的，采购人可以根据采购需求从入围的供应商中通过比选、竞价、谈判等采购方式确定最终成交供应商。

5.1.2 联合集中采购

（1）定义

联合集中采购方式是指对于通用性强、一定时期内采购频次高的标的物，多个国有企业之间集合一定时期内的采购需求，按照确定供应商、确定份额、确定单价的方式进行采购，最终形成某一特定份额的唯一供应商。

（2）优势

联合集中采购的主要优势在于为企业降低采购费用，获得供应商的价格折扣，通过集采效应降低企业采购成本。

（3）联合集中采购的形式

可以通过招标、谈判、比选等方式确定供应商。

5.1.3 网上商城采购

（1）定义

网上商城采购方式是指用户登录网上商城，根据经费预算及采购需求浏览商品，选定商品、数量、供货商及成交价格后，将商品放入购物车并填写收货信息，确认无误后提交采购订单。

（2）适用范围

单项或批量采购在采购限额标准 5 万元（含）以下的货物，可实行网上商城直接采购。具体采购限额可由采购人内部的采购制度明确。

5.2 采购程序中的常见疑难事项应对措施

5.2.1 确定邀请供应商名单的方式有哪些

答：以邀请方式进行采购的，采购人可通过下列方式确定供应商：

（1）从企业已建立的供应商库中选择，确定邀请供应商名单。企业内部应建立相对完善的供应商库管理制度，确定邀请供应商的择选方式、标准、条件应体现公平、公正。

（2）发布征集公告，从响应征集的供应商中选择符合条件的供应商，确定邀请供应商名单。适用该种方式应注意，征集公告应使用公开渠道发布，公告中的项目基本信息应尽量完善，设定的征集条件、标准等应体现公平、公正。征集时间应充足、合理。

（3）采购人通过市场调研后，采用内部会议集体决策方式确定邀请供应商名单；适用该种方式，采购人应保留市场调研的相关资料及内部决策形成的会议纪要。确定邀请供应商的相关工作，应公平合理，有据可依。

5.2.2 何种情况下应召开采购文件论证会

答：对于技术参数复杂、专业性较高的采购项目，采购人在编制采购文件时，可召开采购文件论证会议，组织相关专业的专家对技术参数及其他采购要求的设置进行研讨，以保证采购文件的编制，符合项目的实际需求且不具有不合理的歧视性和排他性。采购人可选择在采购公告发布前，将经论证的技术参数等内容予以公示。

5.2.3 采购文件如何规定投标（响应）文件的密封、装订要求

答：采购人在采购文件中应明确投标（响应）文件的密封及装订要求，并规定投标（响应）文件不符合密封及装订要求将承担的法律后果。

采购文件中有关投标（响应）文件密封、装订的规定，是基于维护采购活动公平竞争原则的需要，而不是以此为择优的手段。设置的条件过多，只会削弱竞争性，产生矛盾，对采购人而言也会产生不必要的麻烦。

因此，建议采购文件对密封、装订的要求，遵循简便、适中原则，能达到不泄密即可，不应过严、烦琐。

5.2.4 如何合理设置投标（响应）文件的现场踏勘条款

答：（1）不应强制现场踏勘。是否参与现场踏勘应由潜在供应商自己决定。采购人不应将现场踏勘作为资格条件或实质性条款或加分因素，强制潜在供应商参与现场踏勘，也不应要求潜在供应商法定代表人参与现场踏勘。若项目不进行现场踏勘，易造成供应商对项目需求的理解存在偏差等情形，可在文件中明确，如未进行现场踏勘，所产生的一切不利后果由供应商自行承担。

（2）应当明确现场踏勘的时间和联系人。需要组织现场踏勘的，采购文件中应载明现场踏勘的时间和联系人，为保证所有的潜在供应商都能参与，现场踏勘的时间应设定在采购文件获取时间截止之后，并应明确现场踏勘所产生的费用由谁承担

及采购人将对现场踏勘工作提供怎样的支持。

（3）现场踏勘的条款设定既要保证公平公正，又要防止可能产生供应商相互之间串通或应保密的信息泄露的风险。因而，不宜采取现场签到的方式进行，否则可能泄露潜在供应商数量和名称；其次，也不宜组织单个或部分潜在供应商或分批组织潜在供应商现场踏勘。如采购人没有特别的要求，建议设定为供应商自行踏勘现场。

5.2.5 如何合理设置投标(响应)文件的参考品牌条款

答：（1）为明确说明拟采购标的物的质量、档次、技术要求，采购人如需在采购文件中列举参考品牌的，宜推荐不少于 3 个品牌型号的产品，并在相关条款中载明，供应商可选择参考品牌以外的产品，但所投产品的技术参数、品牌信誉应不低于参考品牌的同一要求，并且需提供相关证明材料，经评审委员会判定。

（2）为保证采购活动公平公正，采购人在参考品牌的相关说明中，不得要求或标明某一特定的专利技术、商标、品牌、原产地或供应商等，不得附加含有倾向性或者排斥潜在供应商的其他内容。

5.2.6 招标文件发售时间的确定

答：根据《中华人民共和国招标投标法实施条例》（ 以下简称《招标投标法实施条例》）第十六条"招标人应当按照资格预审公告、招标公告或者投标邀请书规定的时间、地点发售资格预审文件或者招标文件。资格预审文件或者招标文件的发售期不得少于 5 日"[1]，招标文件发售时间最短为 5 日，最长可以至投标截止时间，根据采购项目的竞争情况由招标人自行确定。

5.2.7 非依法必须进行招标的项目，自招标文件发售之日起至投标人提交投标文件截止之日止的时间(编制投标文件时间)如何合理确定

---

[1] 《民法典》对期间的计算：

第二百零一条 按照年、月、日计算期间的，开始的当日不计入，自下一日开始计算。按照小时计算期间的，自法律规定或者当事人约定的时间开始计算。

第二百零二条 按照年、月计算期间的，到期月的对应日为期间的最后一日；没有对应日的，月末日为期间的最后一日。

第二百零三条 期间的最后一日是法定休假日的，以法定休假日结束的次日为期间的最后一日。期间的最后一日的截止时间为二十四时；有业务时间的，停止业务活动时间为截止时间。

答：《中华人民共和国招标投标法》及相关法律法规并未对非依法必须进行招标项目投标文件编制时间作出明确规定，可以由招标人合理确定时间，招标人可以结合投标人对招标文件提出异议的时间确定，建议招标人设置投标截止时间为自招标文件发售之日起不少于 12~15 日。

5.2.8 获取招标文件时间截止后，如获取招标文件的投标人数量不足3家，是否可以认定为第一次招标失败，第二天可以直接发布第二次招标公告

答：当获取招标文件时间截止后，获取招标文件的投标人数量不足 3 家时，可以认定为第一次招标失败。《中华人民共和国招标投标法》及相关法律法规未明确规定招标失败须发布公告，在不影响公平竞争的前提下，为提高招标人的采购效率，节省采购时间，在第一次获取招标文件时间截止后，获取招标文件的投标人数量不满足 3 家的情况下，可以在下一个工作日发布第二次招标公告，且该项目为第二次招标项目。

5.2.9 评标过程中，转换采购方式是否需要投标人以纸质文件进行确认

答：投标文件提交截止时间后投标人不足 3 个的，或在评标期间出现符合资格条件的投标人或者对招标文件作实质性响应的投标人不足 3 个情形的，招标人可以因竞争性不足宣布流标，或在征得现场投标人同意下转为其他采购方式。资格性审查或符合性审查不合格的投标人不得参加后续采购活动。现场纸质开标方式的，让投标人签字确认；如果是电子标，以邮件形式发送给投标人，让投标人签字后扫描回传。

提示：让投标人确认是否同意转为其他采购方式，并不意味着投标人不同意，招标人就不能转为其他采购方式，而是以愿意继续参与的投标人数量来决定选择哪种采购方式更合适。

5.2.10 如何保证非依法必招项目采购过程的公开透明性

答：（1）为保证非依法必招项目采购过程的公开公平，采购人可以参照《招标投标法》及其配套法律法规，选择在企业官网或其他公开媒介发布相关公示公告，相关公示公告如：招标采购公告、成交候选人公示、成交结果公告等。这样也有利于让更多的潜在供应商参与进来，体现一定的竞争性，在确保采购效率的同时，择选更

优的供应商。

（2）开、评标室应配备完整的录音录像监控设备，实现开标、评审的全过程均能够得以记录。

（3）采购人可以委派监督人员对开标、评审环节进行全过程监督。监督人员可以由采购人内部的纪检人员、法律顾问或上级单位纪检人员、总法律顾问担任。

（4）对开标、评审中发生的异常情形，采购人应以书面形式进行记录，并要求相关人员进行书面签章确认。

（5）对应告知所有供应商代表或特定供应商代表的事项，采购人应在录音录像监控区域内告知所有供应商代表或特定供应商代表，对未在现场的供应商代表，应使用录音电话进行通知。

5.2.11 采购项目资料的保存应注意哪些事项

答：（1）采购项目进行中，采购人或采购代理机构应对相关材料进行妥善保存，采购工作结束后，采购人应建立完整的采购项目档案。采购人如需采购代理机构或其他单位配合提供材料的，应以书面方式要求其配合提供并完成资料交接手续。

（2）纸质档案应保存在整洁的区域中，采购人可按年度或采购类型编制采购项目档案的目录，便于查阅、调取相关资料；采购项目档案可采用电子档案方式保存。采购人在保存纸质档案的同时，可将纸质材料以电子形式进行保存，以防范纸质档案遗失、毁损的风险。

（3）采购项目档案保存的年限应当符合相关法律法规，在法律法规无明确规定时执行采购人内部管理规定的要求。

5.2.12 入围供应商数量如何确定

答：采购人根据项目总份额，由采购人内部设置的采购领导小组或采购人办公会等集体决策机构讨论后确定供应商个数，并形成会议纪要。

5.2.13 入围后采用份额制承接项目，份额如何确定

答：入围供应商家数确定，采购人应当建立供应商考核机制，第一年可将项目份额平均分配，对供应商在执行项目过程中进行考核并形成考核记录。第二年可根据考核结果进行分配。

5.2.14 供应商入围之后，多长时间进行更新

答：为保证国有企业采购效率，促进建立良性的供应商竞争关系，在年度预算能保障的前提下，采购人可以签订不超过三年履行期限[①]的框架协议采购合同。

5.2.15 采购合同履行过程中追加份额情形的处理

答：采购合同在履行过程中，采购人在采购项目范围内需追加与原合同标的相同的货物、工程或者服务的，在不改变合同其他条款的前提下，可以与供应商协商签订补充合同，但所有补充合同的采购金额不宜超过原合同金额的10%。[②]如追加部分达到依法必须进行招标规模标准的，仍需通过招标方式采购。

5.2.16 对存在失信行为的供应商，应如何处理

（1）对恶意提出异议或投诉、成交后无正当理由不与采购人签订合同、合同履行中严重违约等违背诚实信用原则的供应商，采购人可制定内部负面名单制度，限制其参与本单位组织的非依法必须招标项目的采购活动。

（2）采购人应当对供应商建立动态管理并制定考核的具体实施细则，保证有进有出，相关细则应当公平、公正、合理，并在采购人官网上公示。对被列入负面名单的供应商，采购人应明确告知。被列入负面名单的供应商提交的投标（响应）文件，采购人不予受理。前述规定应明确载明于采购公告中。

（3）采购人内部制定负面名单仅能用于非依法必须招标的项目。对于依法必须招标的项目，采购人不得以被纳入内部负面名单为由，限制潜在供应商参与采购活动。

---

① 参考《财政部关于推进和完善服务项目政府采购有关问题的通知》（财库〔2014〕37号）。
② 参考《中华人民共和国政府采购法》第四十九条。

6 通用要求及注意事项

6.1 编制招标（采购）文件

6.1.1 招标人（采购人）应根据实际情况确定采购需求，例如，采购对象、数量、具体参数要求等。如委托采购代理机构进行采购的，还应当向采购代理机构提供相关基础资料和信息，由采购代理机构编制项目招标（采购）文件。采购代理机构对外发布招标（采购）文件的，须由招标人（采购人）予以确认。

6.1.2 招标（采购）文件内容的编制

（1）符合项目的具体特点和实际需求，不得设置与项目实际履行不相符的资格或技术条件。

（2）招标（采购）文件内容应当完整、严谨、规范，避免前后不一致、条款晦涩难懂、存在歧义或重大漏洞的情形。

6.2 发布招标（采购）公告或邀请书

6.2.1 招标（采购）公告

采用发布招标（采购）公告形式进行采购的，招标人（采购人）或采购代理机构应当在相应媒介上发布招标（采购）公告，邀请不特定的投标人（供应商）参加采购活动。

（1）在不同媒介上发布的同一项目的招标（采购）公告内容应当一致；招标（采购）文件中包含的招标（采购）公告内容，应当与媒介上发布的招标（采购）公告的内容相一致。

（2）招标（采购）公告发布后需要对原内容进行更正的，应当在招标（采购）公告原发布媒介上发布更正公告。

6.2.2 招标（采购）邀请书

采用发布招标（采购）邀请书形式进行采购的，招标人（采购人）或采购代理机构应当对拟招标（采购）项目的市场竞争情况进行分析调研，并基于该调研结果，选择邀请符合采购项目需求的特定投标人（供应商）参加采购活动。

6.2.3 招标（采购）公告及招标（采购）邀请书要求

（1）载明招标人（采购人）的名称和地址，采购的对象、数量、实施地点和时间以及获取招标（采购）文件的办法等事项。

（2）内容完整，便于投标人（供应商）判断其是否满足项目的资格条件，是否具有竞争力。

6.3 发售招标（采购）文件

6.3.1 委托采购代理机构进行采购的，采购代理机构须经招标人（采购人）同意后，方可对外发售项目招标（采购）文件。

6.3.2 招标人（采购人）或采购代理机构应当按照招标（采购）公告或招标（采购）邀请书中的规定发售招标（采购）文件。如在招标（采购）文件发售期届满时，获取招标（采购）文件的投标人（供应商）数量不满足法律法规或招标（采购）文件规定数量的，招标人（采购人）或采购代理机构可适当延长招标（采购）文件的发售时限。

6.3.3 招标（采购）文件不得以不合理条件排斥或限制潜在投标人（供应商），影响采购程序的公平性。

6.3.4 任何参与采购活动的主体不得向招标人以外的他人透露已获取招标（采购）文件的潜在投标人（供应商）的名称（姓名）、数量以及可能影响公平竞争的有关采购活动的其他情况。

6.3.5 招标人（采购人）或采购代理机构应当根据采购项目的实际情况，在招标（采购）文件中约定合理的投标（响应）文件提交截止时间。

6.4 招标（采购）文件的澄清与修改

6.4.1 招标（采购）文件发布后、投标（响应）文件提交截止时间前，招标人（采购人）或采购代理机构可以对招标（采购）文件的内容进行澄清与修改，并应以公告或招标（采购）文件约定的其他形式及时告知潜在投标人（供应商）。澄清修改的内容为招标（采购）文件的组成部分。

澄清修改的内容可能影响文件编制的，采购人可适当推迟响应文件提交截止时间，以防止供应商无法在响应文件提交截止时间前完成文件编制工作，导致提交响应文件的供应商较少，可能无法完成采购活动。①

6.4.2 同一项目/包次进行多次澄清修改的，应当按时间顺序对发出的澄清修改内容进行编号；如果是对同一内容进行多次澄清修改的，可明确约定"对招标（采购）文件同一内容进行多次澄清修改的，以发出时间在后的内容为准"等类似内容，以防止在评审时出现无法确定统一标准，影响评审。

6.4.3 招标人（采购人）或采购代理机构在发布的澄清修改中，不得指明澄清修改事项的来源，不得泄露已购买招标（采购）文件的投标人（供应商）的名称、数量及其他影响采购公平竞争的信息。

6.5 接收投标（响应）文件

6.5.1 招标人（采购人）或采购代理机构应当按照招标（采购）文件的规定，在指定时间及地点接收投标人（供应商）提交的投标（响应）文件。收到投标（响应）文件后，招标（采购）人或采购代理机构应当签收保存，不得于投标（响应）文件提交截止时间前开启。

6.5.2 在招标（采购）文件要求提交投标（响应）文件截止时间后送达的，招标（采购）人或采购代理机构应当拒收。

6.5.3 投标人（供应商）在投标（响应）文件提交截止时间前，可以补充、修改或者撤回已提交的投标（响应）文件，并应以书面通知招标人（采购人）。补充、修改的内容为其投标（响应）文件的组成部分。

投标人（供应商）补充、修改或者撤回已提交的投标（响应）文件的，应当在补充、修改或者撤回通知上签字盖章，具体要求按招标（采购）文件的相关规定执行。招标

---

① 本节是关于非招标形式下，澄清修改采购文件可能影响响应文件编制时的建议措施。采购项目如采用招标形式（包括公开招标和邀请招标）的，相关具体规定可参见本指南关于招标的章节。

人(采购人)或采购代理机构在收到投标人(供应商)提交的补充、修改或者撤回的通知后,应妥善保存。

6.6 组织评审

6.6.1 为确保评审结果的公正性,评审过程应当在严格保密的情况下进行,评审专家成员名单在中标(成交)结果确定前应当保密。

与投标人(供应商)有利害关系的评审专家成员应当主动回避。

6.6.2 评审过程中,评审专家可以书面方式要求投标人(供应商)对投标(响应)文件中含义不明确、对同类问题表述不一致或者有明显文字和计算错误的内容作必要的澄清、说明或者补正。澄清、说明或者补正应以书面方式进行并不得超出投标(响应)文件的范围或者改变投标(响应)文件的实质性内容。

6.6.3 为解决评审过程中可能出现的投标(响应)文件出现前后不一致的情形,招标人(采购人)或采购代理机构可预先在招标(采购)文件中对此做出约定,例如:"投标(响应)文件中的大写金额和小写金额不一致的,以大写金额为准;总价金额与单价金额不一致的,以单价金额为准,但单价金额小数点有明显错误的除外。若上述情形同时存在,应当由评审专家按照有利于非过错方的公平公正原则进行修正;对不同文字文本投标文件的解释发生异议的,以中文文本为准"等。另外,修正后的价格可由投标人(供应商)予以确认,投标人(供应商)拒不确认的应当按投标(响应)文件作无效处理。

6.6.4 评审专家应当严格按照招标(采购)文件规定的评审办法及标准对投标(响应)文件进行评审,不得以招标(采购)文件中未约定的评审因素进行评审。

评审过程中,评审专家如发现招标(采购)文件内容存在歧义、重大缺陷导致评审工作无法进行,或者违反国家有关强制性规定的,应终止评审程序,与招标人(采购人)或采购代理机构沟通并作书面记录。招标人(采购人)或采购代理机构确认后,可修改招标(采购)文件,重新组织采购活动。

6.7 发布中标(成交)公示及中标(成交)通知

6.7.1 招标人(采购人)确定中标人(成交供应商)后,应按照招标(采购)文件的规定,及时公示中标人(成交供应商)的相关信息,发布中标(成交)通知。

6.7.2 委托采购代理机构进行采购的,经招标人(采购人)确认后,采购代理机构应当及时公示中标人(成交供应商)的相关信息,向中标人(成交供应商)发布中标(成交)通知书。

6.8 中标(成交)合同签订

6.8.1 签订时间

中标(成交)合同签订与中标(成交)通知书发出是相互衔接的阶段,根据现行《招标投标法》的规定,招标人(采购人)和中标人(成交供应商)应当自中标(成交)通知书发出之日起法定期限内,签订书面合同。

《招标投标法》关于签约期限的规定属于法律强制性规定,旨在要求招标人(采购人)和中标人(成交供应商)尽快签订书面合同,防范过度延误导致的市场变化等不确定风险,提高招标采购活动的效率。但纵观《招标投标法》及其实施条例全文,并未规定招标人(采购人)与中标人(成交供应商)超过法定期限签订的中标(成交)合同无效,该条规定不属于《民法典》第一百五十三条[①]规定的民事法律行为无效情形,非效力性强制性规定,不影响合同效力。

此外,签约时间还应充分考虑投标有效期(响应期)问题。投标有效期(响应期)是指为保证招标人(采购人)有足够的时间完成开标、评标(评审)、定标、书面合同签订等工作而要求投标人(供应商)提交的投标文件(响应文件)在一定时间内保持有效的期限,并由招标人(采购人)在招标(采购)文件中明确载明。如果招标人(采购人)在投标有效期(响应期)内没有完成评标(评审)、定标及中标(成交)通知书发出等工作,超过投标有效期(响应期)要求与中标人(成交供应商)签订招标(采购)合同的,中标人(成交供应商)有权拒绝而无须承担任何责任。因此,招标人(采购人)应综合考虑不同项目的评标(评审)工作,审慎确定合理的投标有效期(响应期)。若因处理异议投诉等异常情况暂停采购活动的,招标人(采购人)应向所有投标人(响应人)发出书面延长投标效期(响应期)的确认函件,由投标人(响应人)自行决定是否延长效期。

---

① 《民法典》第一百五十三条规定:"违反法律、行政法规的强制性规定的民事法律行为无效。但是,该强制性规定不导致该民事法律行为无效的除外。违背公序良俗的民事法律行为无效。"

6.8.2 签约谈判

（1）在中标（成交）通知书发出之后，招标人（采购人）与中标人（成交供应商）往往会就拟签订的中标（成交）合同进行谈判。根据《招标投标法》第四十六条之规定，招标人（采购人）与中标人（成交供应商）应当按照招标（采购）文件和中标人（成交供应商）的投标（响应）文件订立书面合同，不得再行订立背离合同实质性内容的其他协议。因此，招标（采购）文件、中标人（成交供应商）的投标（响应）文件是拟签订合同的依据，经过谈判最终签订的中标（成交）合同及其他相关协议不得对招标（采购）文件、中标人（成交供应商）的投标（响应）文件的实质性内容进行变更。否则，依法可以对招标人（采购人）和中标人（成交供应商）予以行政处罚。

所谓"实质性内容"是指影响和决定招标（采购）当事人主要权利义务的条款，但目前法律对其尚无明确的界定。结合《招标投标法实施条例》第五十七条的规定理解，实质性内容包括合同的标的、价款、质量、履行期限等主要条款。司法实践中，需要根据合同的性质确定其实质性内容的范围。

案例1 2018年7月，某国有企业对其停车场建设项目进行公开招标，定标后，2018年11月16日，该国有企业与中标单位签订《施工合同》。2018年11月20日，双方又签订《补充协议》，约定的结算方式、付款方式均与《施工合同》签订的内容不同。合同履行过程中，双方因工程结算付款产生争议诉至法院。

分析： 根据最高人民法院《2011年全国民事审判工作会议纪要》和《建设工程施工合同解释（二）》之规定，工程项目性质、工程范围、建设工期、工程质量、工程价款等为建设工程施工合同的实质性内容。招标人和中标单位另行签订的《补充协议》与其经过招投标程序订立的《施工合同》存在实质性内容的不一致，双方应当按照《施工合同》的约定继续履行。

（2）《招标投标法》禁止对合同实质性内容进行变更，旨在防范招标人（采购人）与中标人（成交供应商）恶意串通，损害公平竞争的招投标秩序。但合同履行过程中，如发生招标人（采购人）与中标人（成交供应商）在订立合同时无法预见的、不属于商业风险的、对合同实质性内容产生根本性影响的客观情况变化，继续按照原合同对合同一方当事人显失公平，根据《民法典》第五百三十三条规定的"情势变更"①条款来看，法律允许合同当事人对中标（成交）合同的实质性内容进行变更。

案例2 某国有企业职工公寓建设施工项目经过招标投标程序后确定某建筑公司为中标人并与其签订《施工合同》。建筑公司进场施工后，因主管部门要求，该项目设计单位对该工程重新规划设计，导致项目工程量增加。该国有企业与建筑公司拟签订《补充协议》，对因工程量增加而导致的工期、工程价款变更进行补充约定，但考虑到工期、工程价款为建设工程施工合同的实质性内容，双方对该方式是否合法存在担忧。

分析：对于《施工合同》履行过程中发生的设计规划调整，属于订立合同时无法预见、不属于商业风险的合同基础条件重大变化，继续按照原《施工合同》履行对施工方建筑公司显失公平，应当适用《民法典》规定的情势变更制度，允许合同当事人对《施工合同》因此产生变化的内容进行变更。此外，根据最高人民法院《2011年全国民事审判工作会议纪要》之规定，建设工程开工后，发包方与承包方因设计变更、建设工程规划指标调整等原因，通过补充协议、会谈纪要、往来函件、签证等形式变更工期、工程价款、工程项目性质的，不应认为变更中标合同的实质性内容。本案例中的变更，不违反《招标投标法》禁止变更合同实质性内容的规定。

（3）中标（成交）通知书发出后，法律禁止招标人（采购人）、中标人（成交供应商）对招投标过程中确认的合同实质性内容进行谈判，但对于招标（采购）文件和中标人（成交供应商）的投标（响应）文件都没有约定的合同具体内容，可以由双方协商并在中标合同中载明，因为经招投标程序确定的也仅是合同比较重要的内容，对于合同细节内容，仍需由双方在招标程序完成后协商确定，否则，可能导致合同履行困难。在此情况下，即使该缺失内容从法律法规与合同性质角度判断，属于合同实质性内容的，法律也并未限制当事人就其进行协商谈判。对于招标（采购）文件和中标人（成交供应商）的投标（响应）文件中缺少的合同内容，可以根据《民法典》第五百一十条、

---

① 《民法典》第五百三十三条："合同成立后，合同的基础条件发生了当事人在订立合同时无法预见的、不属于商业风险的重大变化，继续履行合同对于当事人一方明显不公平的，受不利影响的当事人可以与对方重新协商；在合理期限内协商不成的，当事人可以请求人民法院或者仲裁机构变更或者解除合同。人民法院或者仲裁机构应当结合案件的实际情况，根据公平原则变更或者解除合同。"

五百一十一条等规定来确定。

（4）对于非实质性内容，法律不禁止招标人（采购人）与中标人（成交供应商）就其进行谈判。双方可以在订立的书面合同中，或以另行订立其他协议的形式对招标（采购）文件和中标人（成交供应商）的投标（响应）文件中非实质性内容进行补充、修改和完善。

6.8.3 履约担保

（1）履约担保：为防止合同履行过程中，中标人（成交供应商）不依据合同履行义务，给招标人（采购人）造成损失，而要求中标人（成交供应商）提交的保证履行合同义务的一种担保，在中标人（成交供应商）不履行与招标人（采购人）签订的合同时，招标人（采购人）可以要求履约担保人承担担保责任，给招标人（采购人）造成的损失超过担保金额的，中标人（成交供应商）还应对超过部分予以赔偿。

履约担保的方式：可以是现金或非现金方式，但要求提交的履约担保金额不得超过国家规定标准。否则，应由有关行政监督部门责令改正，可以处一定数额的罚款，给他人造成损失的，依法应当承担赔偿责任。

如果在招标（采购）文件中没有要求提供履约担保，招标人（采购人）在定标后要求中标人（成交供应商）提供的，中标人（成交供应商）有权拒绝。同样的，中标人（成交供应商）不按照招标（采购）文件要求提交履约担保，招标人（采购人）有权取消其中标（成交）资格，并有权要求中标人（成交供应商）赔偿所遭受的经济损失。

（2）投标担保能否转为履约担保，法律对此并无禁止性规定，但必须事前在招标（采购）文件中作出规定，或经招标人（采购人）与中标人（成交供应商）协商一致，在签订合同时予以明确约定。使用投标保函形式作为投标担保的，应注意审核投标保函有无可以转为履约保函的内容，如没有，不能直接抵作履约保函。

案例3 2019年某国有企业工程建设项目公开招标，招标文件规定投标人须提供投标担保，投标担保金额3万元，并未规定是否提供履约担保。投标人B公司以现金方式提交投标担保。定标后，该国有企业向中标人B公司发出中标通知书，但并未在规定时间内退还其以现金方式提交的投标担保。中标人B公司随后向招标人去函询问，招标人回函称，投保担保将自动转为履约担保，并要求中标单位按照中标金额的10%补齐剩余履约担保金额。

分析： 投标担保与履约担保性质不同、担保内容不同，二者没有直接联系。在招标文件没有规定，招标人与中标人也没有形成合意的情况下，招标人擅自要求中标单位提供履约担保，并将投标担保直接转为履约担保，没有法律依据，中标单位有权拒绝。同时，招标人在无正当理由的情况下，未依法及时向中标人退还现金方式提交的投标担保，依法将承担行政、民事责任。

（3）建设工程质量保证金：在工程建设领域中，为了确保工程质量，发包人往往约定质量保证金作为缺陷责任期内，承包人对建设工程出现缺陷进行维修的资金。2016年国务院发布的《关于清理规范工程建设领域保证金的通知》（国办发〔2016〕49号），2017年住建部、财政部联合印发的《建设工程质量保证金管理办法》（建制〔2017〕138号）均规定，在建设项目竣工前，已经提交履约保证金的，发包人不得同时预留工程质量保证金。据此，工程建设项目中发包人同时约定履约保证金与质量保证金已为法律明确禁止。

质量保证金由发包人在应付的工程款中预留，根据前述《建设工程质量保证金管理办法》规定，预留比例不得高于工程总价款的3%，发包人要求质量保证金的，应在招标文件中明确质量保证金的收取、返还事项。此外，为减轻建筑企业负担，推动信用经济发展，前述《关于清理规范工程建设领域保证金的通知》及《保障中小企业款项支付条例》均对工程建设领域中的保证金进行严格限定，除依法设立的投标保证金、履约保证金、工程质量保证金、农民工工资保证金外，工程建设中不得收取其他保证金。

6.8.4 中小企业款项支付

为优化营商环境，维护中小企业合法权益，2020年9月1日生效执行的《保障中小企业款项支付条例》（以下简称《条例》）对机关、事业单位、大型企业采购工程、货物、服务支付中小企业款项进行规定。据此，当招标人（采购人）为机关、事业单位、大型企业，经过招标采购程序确定的中标人（成交供应商）为中小企业时，双方签订的中标（成交）合同应当符合前述《条例》的规定。从国有企业采购角度来看，我们须重点关注《条例》中大型企业款项支付相关内容。

首先，在付款期限方面，《条例》规定大型企业采购付款期限应当按照交易习惯和行业规范合理确定，合同双方约定采用履行进度结算、定期结算等方式的，付款期限应从结算金额确认之日起算；如以检验或验收合格作为付款条件的，合同中应明确检验或验收期限，大型企业拖延验收的，付款期限自约定的检验或验收届满之日起算。大型企业迟延支付的应当支付逾期利息，合同约定的逾期利息不得低于合同订立时 1 年期贷款市场报价利率。

在付款方式方面，使用商业汇票等非现金方式支付中小企业款项的，应当取得中小企业同意，并在合同中予以明确约定，否则不得强制要求中小企业接受商业汇票等非现金支付方式。

考虑到实际中机关、事业单位、大型企业常常因审计问题拖延结算中小企业款项，《条例》规定，除合同另有约定或者法律、行政法规另有规定外，不得将审计机关的审计结果作为结算依据。故，如招标人（采购人）有审计要求的，应注意在招标（采购）文件及签订的中标（成交）合同中明确约定，如在合同履行阶段提出的，除法律、行政法规另有规定外，作为中标人（成交供应商）的中小企业有权拒绝。针对国有大型企业在没有合同约定或者法律、行政法规依据，要求以审计机关审计结果作为结算依据的情形，《条例》特别规定主管部门有权责令其改正，如拒不改正的，将依法给予直接负责的主管人员和其他责任人员行政处分。

6.8.5 拒绝签约责任承担

中标（成交）通知书对招标人（采购人）和中标人（成交供应商）具有法律效力，中标（成交）通知书到达中标人（成交供应商）后，招标人（采购人）改变中标（成交）结果的，或者中标人（成交供应商）放弃中标（成交）项目的，应当依法承担责任。中标人（成交供应商）提交的投标担保金额不足以弥补招标人（采购人）所遭受的实际损失的，招标人（采购人）有权要求补足。

案例 4 某国有企业就办公打印设备采购事项进行招标，在招标文件中规定了招标人和投标人的权利义务等合同条款，但未载明招标人付款时间。定标后，该企业通知中标单位签订书面采购合同，中标单位认为招标人未将付款时间写入招标文件，并对招标人在签约谈判阶段提出的付款时间不能接受，故不同意签订书面采购合同。双方因此产生争议诉至法院，经查明招标人在签约谈判阶段提出的付款期限不违反法律强制性规定，符合交易习惯与行业规范。

分析： 依据《民法典》第四百七十条、第五百一十条、五百一十一条等规定，当事人名称或者姓名、标的、数量是合同的必备条款，除前述三项必备要素外，合同缺少的内容可以依照法律规定的方式进行补充约定。此外，根据招标投标法及其实施条例之规定，对招标文件的异议，应在法定时间内提出。本案例中，中标单位在投标阶段未对招标文件内容提出异议，招标人根据评标结果向中标单位发出中标通知书，且其在签约谈判阶段依据交易习惯与行业规范提出的付款时间，不违反法律强制性规定，招标人并无过错，中标人拒绝签订书面合同无正当理由，应依法承担相应责任。

招标人（采购人）向中标人（成交供应商）发出中标（成交）通知书，即是招标人（采购人）对中标人的承诺，该承诺到达中标人（成交供应商）后，对双方都产生法律约束力。中标人（成交供应商）放弃中标（成交）资格、不能履行合同、不按照要求提交履约担保等违背诚实信用原则的，应向招标人（采购人）依法承担赔偿责任。

提示：采购人采用招标之外的其他采购方式进行采购的，采购文件可以根据项目具体实施情况，自行规定采购条件、采购程序、合同签订、异议处理等内容，但应当体现公平、公正，不得违背法律的强制性规定和社会公共利益。

7 采购项目异议的处理

7.1 受理异议的范围

7.1.1 潜在投标人(供应商)、投标人(供应商)或其他利害关系人认为采购活动中存在违法或者违反诚实信用、公平公正原则的,可以向招标人(采购人)或采购代理机构提出异议。

7.1.2 潜在投标人(供应商)、投标人(供应商)或其他利害关系人认为在采购活动中,招标人(采购人)或采购代理机构相关人员存在违反党风廉政建设和反腐败工作之行为,不属于前一款规定对采购项目的异议。

案例 1　某国有企业采购一批办公桌椅,在评审过程中,评标委员会认定投标人 A 的业绩不合格予以否决。之后,A 公司立即向当地人大、市纪检监察部门投诉,称评标委员会认定其业绩不合格不妥并提交了相关证据。市纪检部门收到投诉后,认为投诉事项不涉及腐败、违纪问题,不应由其受理。最后,该市组织由市发改委、市公共资源交易中心为成员的调查小组对此事进行调查。

分析：本案例中,A 公司向人大、纪检投诉的主体机关不妥,涉及招标程序违法违规的事项应当由行业主管部门受理,除非案情涉及腐败、违纪行为。

7.2 受理异议的形式要件

招标人(采购人)或采购代理机构应当在招标(采购)文件中事先对提出异议的主体、提出异议的方式、异议期限作出规定,即投标人(供应商)或其他利害关系人应当于何时提出异议,以敦促投标人(供应商)在规定时间内及时提出异议,不影响项目实施进度。

7.3 采购项目异议的类型

采购项目异议大致可分为以下几类：对招标（采购）文件提出的异议、对采购程序提出的异议、对采购结果提出的异议、其他类异议。其中较为典型的异议类型为前三种异议。

7.3.1 对招标（采购）文件提出的异议

（1）异议提出主体：有权对招标（采购）文件提出异议的主体为已通过合法或符合采购文件规定的形式获取招标（采购）文件的投标人（供应商）。如投标人（供应商）是通过盗取、偶然获得等法律法规或采购文件规定以外的途径获取招标（采购）文件的，即是异议主体不适格，属于无效异议的一种。

（2）以招标形式进行采购的项目，对招标文件提出异议时间已有相关的法律规定，具体时限详见本指南4.1.4.1中（4）的相应内容；以非招标形式进行采购的，对采购文件提出异议的时限应当在采购文件中明确设置，供应商应按照采购文件的相关规定，在规定时限内提出异议。如投标人（供应商）超过法律法规或者招标（采购）文件规定的异议时限，向招标人（采购人）提起异议的，即是超期异议，属于无效异议的一种。

案例2 采购代理机构A受招标人B的委托，对"B单位新闻策划支持系统软件开发项目"（以下称"本项目"）进行公开招标。招标文件发售期间，采购代理机构A收到C单位对招标文件提出的异议。C单位认为本项目招标文件部分条款设置存在限制潜在投标人的情形，请求修改该部分参数。

经查，本项目招标文件规定，潜在投标人可通过采购代理机构A提供的某电子交易平台下载本项目招标文件。本项目获取招标文件的潜在投标人分别为：E、F、G三家单位，并不包括C单位。C单位之所以知晓本项目招标文件详细内容，是因为其从E单位处偶然获取本项目招标文件。

分析：上述案例中，C单位并非通过招标文件规定的形式获取本项目招标文件，因此其不具有提起异议的主体资格，也就无权对本项目招标文件提出异议。

7.3.2 对采购程序提出的异议

（1）提出的主体：有权对采购程序提出异议的主体为参加该环节的投标人（供应商）。投标人（供应商）未参加该部分采购程序的，则无权对该部分采购程序提出异议。

（2）提出的时间：投标人（供应商）对采购程序提出异议的，应当在该采购环节结束前提起。如投标人（供应商）未在该采购程序结束前，向招标人（采购人）提起异议的，即是超期异议，属于无效异议的一种。

案例3 某国有企业采用招标方式采购一批办公家具，共有A、B、C三家单位获取招标文件，开标时间为2019年5月23日上午10:00。开标当天上午9:00，招标代理机构接到C单位电话，称由于大雾飞机晚点，其无法在规定时间内赶到投标现场，希望推迟一小时开标。因本项目进度紧张，重新招标时间来不及，经与A、B两家协商后，A、B两家投标人代表均表示同意推迟一小时开标，并且当场就此写下承诺书。于是，招标人现场宣布将开标时间推迟至11:00，在延迟时间内，C单位赶到现场提交了投标文件。

评标结束后，C单位以综合评分最高成为排名第一的中标候选人。中标候选人公示期间，A、B两家单位均向招标人提出异议，称由于当初不了解法律法规，错误地认为招标人有权延迟开标时间，经咨询专业律师后得知招标人延迟开标的行为违法，要求取消C单位中标候选人资格，重新招标。

分析：依据法律规定，招标人应当按照招标文件规定的时间、地点开标，开标时间不能随意改变。如果基于合理原因需变更开标时间的，应当按照《招标投标法》及其实施条例关于修改招标文件的程序办理，并提前通知所有已获取招标文件的潜在投标人，不能在未履行前述程序情况下，随意变更开标时间。故本案中招标人延迟招标的行为违法，招标程序不符合法律规定，应取消C单位中标候选人资格。

7.3.3 对采购结果提出的异议

（1）提出的主体：投标人（供应商）或者其他利害关系人对采购结果有异议的，有权向招标人（采购人）或采购代理机构提出异议。

（2）提出的时间：投标人（供应商）或者其他利害关系人对采购结果有异议的，应当在中标（成交）候选人公示发布期间内或者收到采购结果通知3日内提出[①]。如投标人（供应商）未在上述时间段内提起异议的，即是无效异议。

---

① 若招标人（采购人）在采购过程中选择公示中标（成交）候选人的，采购结果异议应当在公示期间提出；若不公示中标（成交）候选人的项目，投标人（供应商）对采购结果异议应当在收到采购结果通知3日内提出。招标人（采购人）在编制采购文件时只需保留一个异议提出时间即可。

案例4　某国有企业采用比选方式采购一批生产设备，共有A、B、C三家单位提交了响应文件。经评审小组评审，A单位被推荐为成交供应商。经采购人同意，采购代理机构发布本项目的采购结果公示。公示期内，收到D单位提交的异议函件，D单位认为A单位在之前参加的采购项目中，有虚假响应的"不良记录"。请采购人及采购代理机构严格审查A单位提交的响应文件，取消其成交资格。经查，D单位未获取本项目招标文件、未参加本次采购项目，其异议函件所述内容是基于其之前曾与A单位共同参加过同一采购项目。

分析： 采购文件规定，异议主体应为参加本项目的供应商或其他利害关系人。如为本项目利害关系人的，异议人须在异议函件中提供相关证明材料。D单位未参加本项目采购活动，且其在异议函件中也未提供相关证明材料表明其是本项目的利害关系人。故D单位异议主体不合格，本次异议为无效异议。采购人及采购代理机构可不予受理该异议。

案例5　超期提出异议是否应当受理？

某国有企业物业管理服务项目以非招标形式进行采购，经评审委员会评议，一致推荐A单位为成交供应商。评审结果公示以后，某供应商向采购代理机构提出异议，称成交供应商A无法满足本项目采购需求，应判定A单位成交无效，本项目重新组织采购。

经查，本项目采购文件规定，如供应商对本评审结果有异议的，应当在公示期内提出。超出公示期提出的异议，采购代理机构将不予受理。本项目采购结果公示期为2019年7月15日至2019年7月17日，采购代理机构于2019年7月20日收到某供应商向其提交的异议函件，已经超过异议期。

分析： 本项目采用的是非招标形式进行采购，采购文件中已经规定了供应商可以对采购结果提出异议的时间。某供应商未按照采购文件的规定，超过异议期向采购代理机构提交异议函件，属于无效异议。采购代理机构可不予受理该异议。

案例6　采购结果未公布，是否可以提出异议？

某国有企业采用谈判方式采购一批办公电脑。评审期间，采购人及采购代理机构收到本项目供应商B单位提出的异议。B单位认为，本项目另一供应商A单位存在不响应采购文件条款的情况，不应当被推荐为成交供应商。

经查，本项目于2018年6月29日进行评审，2018年7月2日评审结束，采购人及采购代理机构发布采购结果公示。B单位于2018年7月1日向采购人及采购代理机构提交异议函件，此时，评审环节尚未结束，评审结果尚未发布。而B单位之所以能在评审结果公示前"预测知晓"本项目成交供应商，是因为其与A单位一直是竞争对手，且在与A单位的竞争中一直处于下风。本项目采购文件规定，如供应商对本评审结果有异议的，应当在采购结果公示期内提出。

分析： 在采购结果公示发布前，供应商不应当也不可能知晓最终的采购结果。本案例中，B单位是凭之前的竞争经验而向采购人及采购代理机构提起对评审结果的异议。其就采购结果提起异议时，评审环节仍在进行，采购人及采购代理机构尚未发布采购结果公示，采购结果公示期未开始，可以对采购结果提起异议的时限同样没有开始起算。因此B单位提起异议的期限不符合采购文件"如供应商对本评审结果有异议的，应当在采购结果公示期内提出"的规定。采购人及采购代理机构可不予处理本次异议。

案例7 投标保证金不予退还的情形。

2018年某国有企业采用招标方式采购一批生产设备，共有A、B、C三家单位提交了投标文件。经评标委员会评审，推荐A单位为第一中标候选人。在中标候选人公示期间，招标人及代理机构收到B单位提交的异议函件。异议内容为：A单位所投产品不满足招标文件的规定，存在虚假响应的情形。经评标委员会复议，A单位所投产品的部分参数确实不满足招标文件要求，但其仍在投标文件中写明"响应"，存在虚假响应的情况，故取消其中标资格。招标人向代理机构询问，能否以A单位存在虚假响应的情形，不予退还其提交的投标保证金。

分析： 招标人是否有权不予退还投标保证金的依据主要来自两个方面：一、现行法律法规的规定；二、招标文件的规定。

投标保证金是投标担保的一种，是投标人按照招标文件的要求向招标人出具的，以一定金额表示的投标责任担保。其实质是为了避免因投标人在投标有效期内发生随意撤销投标或中标后不能提交履约担保和签署合同等违背诚信原则的行为而给招标人造成损失。不予退还投标保证金是对投标人违背诚信原则行为的一种制约。

除法定情形外，招标人还可以在招标文件中规定其他不予退还投标保证金的合

理情形,以保障自己的合法权益:

1. 投标人虚假响应;

2. 投标人提交虚假材料;

3. 投标人之间相互串通投标。

经查,本案中,由于招标文件未规定虚假响应将扣除投标保证金,因而,招标人不予退还投标保证金没有明确的依据。

提示: 采用招标之外的采购方式的,由于《招标投标法》及其实施条例仅规定了招标程序,对招标之外的采购方式未做明确规定,因此,投标担保不予退还的情形应当在采购文件中明确载明。

7.4 提起异议所需的材料

7.4.1 为便于招标人(采购人)或采购代理机构合法高效处理项目异议,维护招标人及各投标人(供应商)的合法权益,招标人(采购人)或采购代理机构可以在采购文件中规定如下内容:

投标人(供应商)提出异议应当提交书面函件。异议函应当包括但不限于下列内容:

(1)异议人的名称、地址、联系人及联系电话;

(2)被异议人名称;

(3)异议项目的名称、编号;

(4)异议事项;

(5)相关请求和主张;

(6)事实依据和证明材料;

(7)异议应当署名。

异议主体应当是投标人(供应商)或其他利害关系人。如是其他利害关系人的,异议主体须提供相关证明材料。投标人(供应商)为自然人的,应当由本人签字;投标人(供应商)为法人或者非法人组织的,应当由法定代表人或者主要负责人签字并加盖单位公章。

如果投标人(供应商)提交的异议函件缺乏上述部分内容的,招标人(采购人)或采购代理机构可告知其补充提交,并强调,如未在异议期内提交符合要求的异议材料的,招标人(采购人)或采购代理机构有权不予受理。

7.4.2 为保证采购项目有序推进,不影响采购计划,对于符合下列情形之一的异议,采购人或采购代理机构可不予受理:

(1)对其他投标人的投标文件详细内容异议,无法提供合法来源渠道的;

(2)提出异议的时间超过国家法律法规或采购文件规定时限的;

(3)非法律规定可以提出异议的主体范围。

7.5 异议受理审查要点

招标人(采购人)或采购代理机构在接收到项目异议后,应当仔细研究异议事项,对下列几点进行审查:招标(采购)文件是否包含不合理条款,是否存在排斥、限制潜在投标人(供应商)的情形;采购程序是否严格按照招标(采购)文件的规定进行,是否违反公平公正原则;评审专家是否按照招标(采购)文件规定的评审办法及标准进行评审,得出评审结果的依据是否充分等。

如异议内容较为复杂,需要进行进一步调查、鉴定或提请专家评审,无法在异议回复期内进行实质性内容回复的,招标人(采购人)或采购代理机构可向异议人发送先行回复函,告知异议人,招标人(采购人)或采购代理机构已受理该异议,正在调查核实阶段,待异议所涉内容核实清楚,将出具最终的异议回复函。作出答复前暂停采购活动。

提示:若异议内容可能影响采购结果的,招标人(采购人)或采购代理机构应当暂停采购活动。

7.6 发送询证函注意事项

异议内容如果涉及对被异议人所投产品技术参数响应,提交的资质证书、合同业绩真实性等评审因素的异议,招标人(采购人)或采购代理机构可就异议内容向被异议人发送询证函,告知其提供异议相关证明材料,应当注意的是,向被异议人发送的询证函中,不得提及异议人的名称、异议事项来源等应当保密的信息。在所需材料搜集齐全后,提请原评审专家就异议事项进行复议。

7.7 实质性内容的回复

招标人(采购人)或采购代理机构在处理完毕异议后,应当及时对异议人进行最终回复。委托采购代理机构进行采购的,异议回复内容应当经招标人(采购人)确认后,方可对外发放。

7.8 异议处理应遵循保密性

异议回复内容中不得透露应当保密的事项。对于被异议人投标(响应)文件及询证提供的相关证明材料所涉及的未对外公开的信息,招标人(采购人)或采购代理机构在异议回复函中均不得透露。

7.9 异议结果的处理

在异议回复期内向异议人回复后,采购人及采购代理机构即可继续开展采购活动。

7.9.1 异议改变原评审结果的,招标人(采购人)及采购代理机构应当发布本项目采购结果变更公示(采购结果变更通知)。

附件：异议处理流程

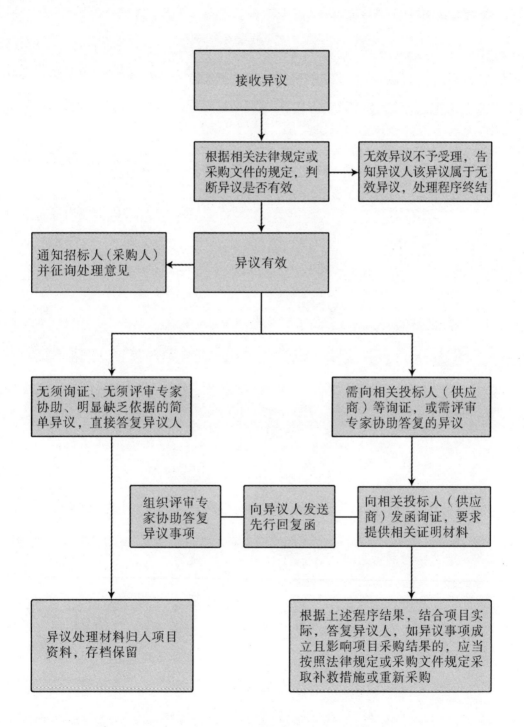

采购文件示范文本

◎招标文件示范文本

_____采购项目

（项目编号：_____）

招 标 文 件

招标人（或招标代理机构）：_____（单位公章）_____

_____年_____月_____日

目 录

第一章　招标公告

（适用于公告邀请投标人方式）

_____（项目名称）_____已具备公开招标条件, 现欢迎具备条件的投标人参加投标活动。

1. 招标项目简介

1.1 招标项目名称: _____

1.2 招标项目编号: _____

1.3 招标人: _____

1.4 招标代理机构（如有）: _____

1.5 资金落实情况: _____

1.6 项目概况: _____

1.7 中标人数量: □一家　　　　□_____家（适用于框架协议采购第一阶段）

2. 招标范围及相关要求（工程）

2.1 招标范围: _____

2.2 计划工期: _____（计划开工日期_____, 具体以开工令为准）

2.3 建设地点: _____

2.4 工程质量: _____

2. 招标范围及相关要求（货物）

2.1 招标范围: _____

2.2 交货期: _____

2.3 质保期: _____

2.4 货物质量标准: _____

2. 招标范围及相关要求（服务）

2.1 招标范围: _____

2.2 服务期限: _____

2.3 服务地点: _____

2.4 质量要求或服务标准: _____

3. 投标人资格条件

3.1 资质要求: _____

3.2 财务要求: _____

3.3 业绩要求：_____

3.4 信誉要求：_____

3.5 主要人员要求：_____

3.6 其他要求：_____

3.7 本项目（ 接受或不接受 ）联合体投标。

联合体投标的，应满足下列要求：_____

4. 招标文件的获取

4.1 获取时间：_____

4.2 招标文件售价：_____

4.3 获取方式：_____

5. 投标截止时间及开标时间

_____

6. 开标地点

6.1 开标地点：_____

6.2 逾期送达的、未送达指定地点的投标文件，招标人将拒绝接收。

7. 发布公告的媒介

本次招标公告在_____（ 发布公告的媒介名称 ）_____上发布。

8. 联系方式

招标人：_____

地　址：_____

联系人：_____ 联系电话：_____

电子邮箱：_____

招标代理机构(如有)：_____

地　址：_____ 联系人：_____

联系电话：_____

电子邮箱：_____

第一章　投标邀请书

（适用于直接邀请投标人方式）

_____（被邀请单位名称）：_____

_____（项目名称）_____已具备招标条件，现邀请贵单位参加本项目的投标活动。

1. 招标项目简介

1.1 招标项目名称：_____

1.2 招标项目编号：_____

1.3 招标人：_____

1.4 招标代理机构（如有）：_____

1.5 资金落实情况：_____

1.6 项目概况：_____

1.7 中标人数量：□一家　　　　□_____家（适用于框架协议采购第一阶段）

2. 招标范围及相关要求（工程）

2.1 招标范围：_____

2.2 计划工期：_____（计划开工日期_____，具体以开工令为准）

2.3 建设地点：_____

2.4 工程质量：_____

2. 招标范围及相关要求（货物）

2.1 招标范围：_____

2.2 交货期：_____

2.3 质保期：_____

2.4 货物质量标准：_____

2. 招标范围及相关要求（服务）

2.1 招标范围：_____

2.2 服务期限：_____

2.3 服务地点：_____

2.4 质量要求或服务标准：_____

3. 投标人资格条件

3.1 资质要求：_____

3.2 财务要求：_____

3.3 业绩要求：_____

3.4 信誉要求：_____

3.5 主要人员要求：_____

3.6 其他要求：_____

3.7 本项目___（接受或不接受）___联合体投标。

联合体投标的，应满足下列要求：_____

4. 招标文件的获取

4.1 获取时间：_____

4.2 招标文件售价：_____

4.3 获取方式：_____

5. 投标截止时间及开标时间

_____

6. 开标地点

6.1 开标地点：_____

6.2 逾期送达的、未送达指定地点的投标文件，招标人将拒绝接收。

7. 联系方式

招标人：_____

地址：_____

联系人：_____

电子邮箱：_____

联系电话：_____

招标代理机构（如有）：_____

地址：_____

联系人：_____

联系电话：_____

电子邮箱：_____

附件：确认通知

确认通知

____（招标人名称）____：

我方已于_____年_____月_____日收到你方_____年_____月_____日发出的___（项目名称）___招标项目的投标邀请书，并确认___（参加／不参加）___投标。

特此确认。

被邀请单位名称：_____（单位公章）_____

_____年_____月_____日

第二章　投标人须知

投标人须知前附表

序号	条款名称	内　容
01	踏勘现场（如有）	□本项目无须踏勘现场 □组织集中踏勘现场 □投标人自行踏勘现场 踏勘时间： 踏勘集中地点：＿＿＿＿＿＿＿＿＿＿＿ 踏勘联系人及联系电话：＿＿＿＿＿＿＿ 备注：如投标人未按本文件要求，参加招标人统一组织集中踏勘或未进行自行踏勘现场，视同放弃踏勘，由此引起的一切责任由投标人自行承担
02	招标预备会	□不召开 □召开 召开时间：＿＿＿＿＿＿＿＿＿ 召开地点：＿＿＿＿＿＿＿＿＿
03	分包（工程或服务）	不得分包的内容：＿＿＿＿＿＿＿＿＿ 对分包的要求：＿＿＿＿＿＿＿＿＿＿
04	构成招标文件的其他资料	资料名称：＿＿＿＿＿＿＿＿＿＿＿＿
05	（货物） 交货期　交货地点 （服务） 服务期　服务地点 （工程） 工期　建设地点	交货期：＿＿＿＿＿＿＿＿＿ 交货地点：＿＿＿＿＿＿＿＿＿ 服务期：＿＿＿＿＿＿＿＿＿ 服务地点：＿＿＿＿＿＿＿＿＿ 工期：＿＿＿＿＿＿＿＿＿ 建设地点：＿＿＿＿＿＿＿＿＿
06	付款方式	付款方式：＿＿＿＿＿＿＿＿＿
07	质保期	质保期：＿＿＿＿＿＿＿＿＿
08	招标文件澄清和招标文件异议	依据法律规定确定
09	投标有效期	有效期：＿＿＿＿＿＿＿＿＿
10	最高投标限价或其计算方法	□无 □有，最高投标限价或其计算方法：＿＿＿
11	投标报价的其他要求	
12	投标担保	□无 □有，担保金额：＿＿＿＿＿＿＿＿＿ 担保形式：＿＿＿＿＿＿＿＿＿

续表

序号	条款名称	内 容
13	投标文件份数	正本___份,副本___份 注:若本项目划分为多个包次,且投标人参与多个包次的投标,请分开制作相应的投标文件。
14	资质要求证明材料	□不适用 □适用。投标人应提供相关资质证书的复印件或影印件,以证明投标人具有承担本项目要求的资质 资质证书包括:_____ (注:此处应填写资质证书的名称、等级、专业、颁发机构等内容)
15	财务要求证明材料	□不适用 □适用。投标人应提供近年财务会计报表复印件或影印件,包括资产负债表、利润表。近年财务会计报表年份是指:_____年至_____年(投标人的成立时间少于该规定年份的,应提供成立以来的财务会计报表)
16	业绩要求证明材料	□不适用 □适用。投标人应提供近年的类似项目业绩表,以证明投标人具有承担本项目要求的业绩。近年是指:_____年至_____年 业绩证明材料须提供: □合同/订单 □中标通知书/成交通知书 □竣工验收报告/验收证明 □业绩中业主方开具的证明 □其他材料:_____
17	信誉要求证明材料	□不适用 □适用。投标人应提供相关信誉情况的证明材料,包括:_____
18	承担本项目主要人员要求证明材料	□不适用 □适用。投标人应提供拟委任的主要人员汇总表和主要人员简历表。投标人应填报满足"招标公告/投标邀请书"规定的项目负责人和其他主要人员的相关信息,并按如下要求提供相关证明文件:_____ _____ (注:一般工程和服务项目可以有本项要求,招标人可在此处明确对有关人员职称证书、执业证书、社保缴费证明及业绩证明等具体要求)
19	其他要求证明材料	

序号	条款名称	内　容
20	本地化服务	本项目是否要求本地化服务能力： □不要求 □要求_____
21	履约担保	□无履约担保 □有履约担保 1. 履约担保的形式：_____ 2. 履约担保的提交时间：_____ 3. 履约担保的金额：_____ 4. 履约担保的退还时间：_____
22	投标样品	□不需要 □需要_____（样品名称） 样品提交数量：_____ 样品封装要求：_____ 样品提交时间：_____ 样品提交地点：_____ 备注： 1. 未中标人的样品：中标公示结束后请各投标人自行取回，否则招标人在____个工作日后自行处理。 2. 中标人的样品：中标公示结束后将由招标人封存，在后期供货时比对，如供货时货物质量明显低于样品质量，视为供货不合格，买方可以拒收。 3. 未提供样品或提供的样品不符合招标文件要求的，投标人将自行承担由此带来的后果。
23	评标办法	□最低价评审法　　□综合评分法 □其他评标办法
24	中标候选人公示（如有）	公示媒介：_____ 公示期限：_____ 其他应公示的内容：_____
25	中标结果公示	公示媒介：_____ 其他应公示的内容：_____
26	中标结果异议提出时间	□中标候选人公示期间内提出 □中标结果公示（通知）3 日内提出
27	异议渠道	联系人：_____ 联系方式：_____ 地址：_____ 其他：_____
28	备注	

投标人须知

注：如投标人须知前附表与本部分对同一内容的规定不一致，以投标人须知前附表的规定为准。

一、说明

1. 项目描述

招标人计划将资金的一部分用于支付本次招标项目的合同款项。

2. 招标方式

招标将以国内公开招标或邀请招标方式进行。

3. 合格投标人

3.1 凡来自中华人民共和国或是与中华人民共和国有正常贸易往来的国家或地区的获得一般纳税人的法人均为合格投标人。

3.2 投标人不得与本次招标项下编制设计、技术规格和其他文件的公司或提供咨询服务的公司包括其附属机构有任何关联。

3.3 投标人之间如果存在下列情形之一的，不得同时参加本项目投标：

（1）与招标人存在利害关系且可能影响招标公正性；

（2）与本招标项目的其他投标人为同一个法定代表人（单位负责人）；

（3）与本招标项目的其他投标人存在控股、管理关系；

（4）为本招标项目的招标代理机构；

（5）被责令停产停业、暂扣或者吊销许可证、暂扣或者吊销执照；

（6）进入清算程序，或被宣告破产，或其他丧失履约能力的情形；

（7）法律法规或投标人须知前附表及招标公告 / 投标邀请书规定的其他情形。

4. 投标费用

投标人应承担所有与准备和参加投标有关的费用。无论投标的结果如何，或项目因故取消，招标人和招标代理机构对上述费用不承担任何责任和义务。

5. 保密

参加招标采购活动的各方应对招标文件和投标文件中的商业和技术等秘密保密，否则应承担相应的法律责任。

6. 语言文字

招标文件和投标文件使用的语言文字为中文。专用术语使用外文的,应附有中文注释。

二、招标文件

7. 招标文件的内容

投标人应检查招标文件中所有的须知、格式、条款、技术规格和其他资料。如果投标人没有按照招标文件的要求提交全部资料,或者提交的资料没有对招标文件在各方面作出实质性响应,可能导致其投标被拒绝,该风险由投标人承担。

8. 招标文件的澄清

8.1 投标人要求对招标文件进行澄清的,应以书面或扫描电邮方式通知招标人/招标代理机构。对前附表规定的时间以前收到的对招标文件的澄清要求,招标人/招标代理机构予以答复。投标人应当在投标截止时间之前自行查看,如有遗漏,投标人自行承担责任。

8.2 投标人要求对招标文件的澄清必须在投标人须知前附表规定的时间内提出。招标人/招标代理机构有权不接收逾期提出的异议。

9. 招标文件的修改

9.1 招标人或招标代理机构可以因任何原因,在投标截止期前对招标文件进行修改,并通知所有获取招标文件的投标人。

9.2 招标文件的修改内容将作为招标文件的组成部分,对投标人具有同样约束力。当招标文件的答疑、澄清、变更、通知或补充等在同一内容的表述上不一致时,以最后发出的书面文件为准。投标人应主动查询。招标人/招标代理机构不承担投标人未及时关注相关信息引发的相关责任。

9.3 招标文件的修改应考虑给予投标人合理的时间制作相应的投标文件。招标人/招标代理机构可酌情延长投标截止日期,并通知招标文件购买人。

三、投标文件的编制

10. 投标文件的构成

10.1 投标文件的构成：投标方应按照第四章所述投标文件格式的要求装订成册并连续编写页码，认真按照格式填写全部内容。

注：投标文件如未按照本条要求提供相应材料可能导致其投标被否决。

10.2 如投标人无详细说明对招标文件的商务和技术不响应或者没有填写商务和技术偏离表，则视为投标人默认响应招标文件的商务和技术全部要求。

10.3 所提供的全部文件应是真实的、可靠的、在有效期内的。如经审查有虚假行为的，视其投标无效并不予退还投标担保。

10.4 不接受电话、传真等形式的投标，投标文件不退回。

11. 投标价格

11.1 根据招标文件规定的供货和责任范围，投标人的报价应包含所投服务、保险、税费、免费后续服务等工作所发生的一切应有费用。投标报价为签订合同的依据，投标人应按开标一览表和分项价格表指定的格式报出现场交货的人民币分项价格和总价，如分项报价中存在缺漏项，则视为缺漏项价格已包含在其他分项报价之中。如投标人不接受此种修正，评标委员会有权否决其投标（免费赠送部分除外）。

11.2 投标人应按照招标文件规定的商务、合同和技术责任进行报价。如投标人作出商务和技术的偏离，应在相应偏离表中列出，并提供由于偏离所引起的价格差异。不提供商务和技术偏离表的，视为全部满足本招标文件的要求。

11.3 投标人所报的价格在合同执行过程中是固定的，不得以任何理由予以变更。

11.4 除投标人须知前附表有特殊规定外，不接受备选方案或者2个及以上报价方案。

11.5 本项目为交钥匙工程，报价应包括外购、外协、配套件，原材料及生产制造、检验、出成品、包装，保险、利税、关税、管理、运费、装卸、安装、调试、检测，软件、硬件、质量技术监督部门检测费，取证（如有）以及所有项目下装修施工等直至交钥匙工程所发生的全部费用。

11.6 最低报价不能作为中标的保证。

11.7 安装和／或装饰工程费用的计价（如有）：

投标人应依据《安徽省建设工程工程量清单计价规范》（DBJ34/T-206-2018）及其配套定额规定，并结合省市最新的计价规范性文件，足额计取最新规定的各类规费和不可竞争费，并考虑专项工程的各种报建报审报验等费用。投标人若获得中标资格，不得就上述因素向招标人提出任何补偿费用。

11.8 现场踏勘：除投标人须知前附表有规定外，招标人不组织现场踏勘。

12. 投标担保

12.1 投标人应按照招标文件的相关规定提交投标担保，并作为其投标文件的组成部分。

12.2 投标人以现金方式提交投标担保的，须从投标人本单位账户汇出，不接受其他单位或个人代缴的投标担保。

12.3 未按照招标文件的规定提交投标担保的，其投标将被否决。

12.4 投标人以现金方式提交的投标担保将一律按电汇或转账方式退还至投标人单位账户，不退至个人，不退纸币。

12.5 下列任何情况发生时，投标担保将不予退还：

（1）投标人在投标有效期内撤销其投标；

（2）中标人未能在规定的时间内签署合同；

（3）未能在规定的时间内提供履约担保；

（4）投标人未按规定缴纳中标服务费；

（5）投标人在投标文件中提供虚假材料或有串标、围标等恶意行为的；

（6）法律法规规定的其他不予退还的情形。

13. 投标文件的有效期

13.1 投标文件应在投标文件有效期内有效。投标文件有效期短于招标文件规定的投标有效期的，其投标将被否决。

13.2 特殊情况下，在投标有效期截止之前，招标人或招标代理机构可要求投标人同意延长投标有效期，这种要求与答复均应以书面形式提交，投标人可拒绝，但应当退还其投标担保。同意延长投标有效期的投标人将相应地延长其投标担保的有效期，但不得修正投标文件的其他内容。

14. 投标文件的制作和签署

14.1 投标人应按照投标人须知前附表的要求准备投标文件(包含电子版投标文件),并在封面上注明"正本"和"副本"字样。投标文件的副本可采用正本的复印件。为节约纸张,建议双面打印并简装投标文件。投标文件的正本与副本如有不一致之处,以正本为准。

14.2 若项目分包,投标文件按包分别制作,采用非活页方式装订。若投标人认为需要附产品样本等资料的,相关资料不得散装,可装订在投标文件的最后部分(特殊规格的图纸、方案、图片、资料除外)。投标文件如采用不牢固装订,不牢固装订包括但不限于各种活页夹、文件夹、塑料方便式书籍(插入式或穿孔式)等,导致投标文件不完整、影响评审的,一切后果由投标人自行承担。

14.3 每份投标文件正本和所有副本均需打印,且用不褪色墨水书写,并由投标人法定代表人(单位负责人)或经其授权的授权代表签字或盖单位章。投标人须按照投标文件格式的规定出具《法定代表人(单位负责人)授权书》,并附在投标文件中。

14.4 投标文件中尽量避免行间插字、涂改和增删。如果出现上述情况,必须由投标人的法定代表人(单位负责人)或其授权的授权代表签字或盖单位章。

四、投标文件的提交

15. 投标文件的密封和标识

15.1 投标文件正本和所有的副本须密封装在单独的包装中,包装上正确标明"正本""副本"字样。若项目分包,投标人参加多个包号投标的,投标文件按包号分别密封和标示。

15.2 为方便开标唱标,投标人应将开标一览表、投标担保(银行付款凭证复印件并加盖单位公章、保函回执加盖单位公章等证明材料)、电子文件装在同一信封内一起提交,并在信封证明注明"开标一览表 + 投标担保 + 电子版本"字样。

15.3 投标文件外包装应注明以下内容:

(1)项目名称;

(2)项目编号 / 包号;

(3)投标人名称、日期。

15.4 如果包装未按规定标记并密封,招标人或招标代理机构将不承担错放或提前启封的责任。

16. 提交投标文件的截止日期

16.1 投标文件应于规定的投标截止日期之前送达规定的地点。

16.2 招标人和招标代理机构可以依照法律规定延长投标截止期。在此情况下,招标代理机构和投标人受投标截止期制约的所有权利和义务均应延长至新的截止日期。

16.3 招标人和招标代理机构将拒绝并退回在投标截止期后收到的任何投标文件。

17. 投标文件的修改和撤回

17.1 投标人在提交投标文件后,可以修改或撤回其投标,但这种修改和撤回,必须在规定的投标截止时间前,并以书面形式通知招标代理机构。在投标截止时间后,投标人不得再要求修改或撤销其投标文件。

17.2 投标人的修改或撤回通知应按照投标人须知第 14、15、16 条等相关的规定,进行编制、签章、密封、标记和提交,并在外装信封上明显标明"投标文件修改书"或"投标文件撤回通知"字样。

17.3 从投标截止期至投标文件有效期结束为止,投标人不得撤销其投标,否则将不予退还其投标担保。

五、开标与评标

18. 开标

18.1 招标代理机构在投标人须知前附表规定的时间和地点公开开标。出席开标仪式的投标人的授权代表携带身份证明,签名报到以证明其出席。在评审结束前,未得到招标人或招标代理机构的允许,投标人授权代表不得离开开标现场。

18.2 在开标时,招标代理机构宣读投标人名称、投标价格,以及招标代理机构认为合适的其他内容。开标结束后,所有被开封唱标的投标文件,均提交评标委员会评审。

19. 投标文件的初步评审

19.1 评标由依照有关规定组建的评标委员会负责。评标委员会将按照招标文件确定的方法进行评审。在详细评审之前,评标委员会将判定每个投标文件是否完整以及是否实质性响应了招标文件的要求。

19.2 评标委员会成员有下列情形之一的,应当回避:

(1)投标人或投标人主要负责人的近亲属;

(2)与投标人有经济利益关系,可能影响对投标公正评审的;

(3)曾因在招标、评标以及其他与招标投标有关活动中从事违法行为而受过行政处罚或刑事处罚的;

(4)与投标人有其他利害关系。

19.3 评标过程中,评标委员会成员有回避事由、擅离职守或者因健康等原因不能继续评标的,招标人有权更换。被更换的评标委员会成员作出的评审结论无效,由更换后的评标委员会成员重新进行评审。

19.4 评标委员会对投标文件响应性的判定基于投标文件本身的内容,而不寻求外部的证据,无论何种原因,即使投标人开标时携带了材料的原件,但在投标文件中未提供与之内容完全一致的复制件的,评标委员会可视同其未提供。

19.5 如果投标没有实质性响应招标文件的要求,其投标将被否决。投标人不得通过修正或撤销不合要求的偏离或保留从而使其投标成为实质性响应的投标。如发现有下列情形之一的,其投标将被否决:

(1)投标人未提交投标担保或提交的担保不符合招标文件要求的;

(2)资格和资质证明文件不全的或不满足招标文件的资格要求的;

(3)投标有效期不足的;

(4)投标文件商务和技术条款有重大偏离的;

(5)未提供招标文件要求的相关评审材料或格式文件造成重大影响无法评审的;

(6)投标文件提供虚假材料的;

(7)投标文件附有招标人不能接受的条件的;

(8)评标委员会发现投标人的报价明显低于其他投标报价,而投标人不能合理说明或者不能提供相关证明材料,由评标委员会认定该投标人以影响履约的异常低价进行报价竞标的;

(9)不符合招标文件中规定的其他实质性要求的;

（10）在评标过程中，评标委员会发现投标人以他人的名义投标、串通投标、以行贿手段谋取中标或者以其他弄虚作假方式投标的；

（11）法律法规规定的其他否决投标的情形。

19.6 评标委员会只对在初审中确定为实质性响应的投标文件进行进一步的详细评审。

19.7 出现下列情况之一时，评标委员会有权宣布废标：

（1）有效投标人数量不足，导致本次招标缺乏竞争的；

（2）出现影响采购公正的违法、违规行为的；

（3）投标人的报价均超过了采购预算，招标人不能支付的；

（4）因重大变故，采购任务取消的；

（5）评委评审后一致认定应予废标的。

19.8 招标文件中如明确标明需要携带各项资质证书、获奖证书、证明文件、合同、中标通知书等材料原件以备评标委员会查验的，投标人须将相关原件单独用一个密封袋封装，注明"原件"和"投标人全称"字样并列明清单备查。相关原件返还时，投标人应当场清点，事后提出相关异议的，概不受理。

20. 投标文件的澄清

20.1 对于投标文件中含义不明确、同类问题表述不一致或者有明显文字和计算错误的内容，评标委员会应当以书面形式要求投标人作出必要的澄清、说明或者补正。

20.2 投标人的澄清、说明或者补正应当采用书面形式，并加盖公章，或者由法定代表人（单位负责人）或其授权的代表签字。投标人的澄清、说明或者补正不得超出投标文件的范围或者改变投标文件的实质性内容。

21. 投标文件的详细评审

21.1 在初步评审中，若评标委员会成员对同一投标人的评审结论不一致的，按照少数服从多数原则确定最终初步评审结论。评标委员会只对通过初步评审的投标文件进行详细评审。

21.2 投标人投标报价修正。由评标委员会根据招标文件的要求，以招标文件规定的供货范围为基准，对各投标人的报价内容和范围进行核定，以确定其投标报价总价的合理性和有效性,并调整到同一可比基准。检查和评审承诺服务范围完整性,投标人缺报、漏报项的,将以其他投标人所报该项目的最高价增加该投标人的评标价。该评标价仅为评标比较之用,投标人的投标价仍然不变。若投标人提供了超过招标文件要求的功能、部件或服务,不予核减。评审后的投标报价总价作为价格评审依据。

21.3 投标文件报价出现前后不一致的,除投标人须知前附表另有规定外,按照下列规定修正:

(1)投标文件中开标一览表(报价表)内容与投标文件中相应内容不一致的,以开标一览表(报价表)为准;

(2)大写金额和小写金额不一致的,以大写金额为准;

(3)单价金额小数点或者百分比有明显错位的,以开标一览表的总价为准,并修改单价;

(4)总价金额与按单价汇总金额不一致的,以单价金额计算结果为准。

同时出现两种以上不一致的,按照有利于非过错方的公平公正原则进行修正。修正后的报价经投标人确认后产生约束力,投标人不确认的,其投标将被否决。

21.4 合格投标人不足 3 家处理预案。

投标文件提交截止时间后投标人不足 3 家的,或在评标期间出现符合资格条件的投标人或者对招标文件作实质性响应的投标人不足 3 家情形的,招标人可以因竞争性不足宣布流标,或在征得现场投标人同意下转为其他采购方式。资格性审查或符合性审查不合格的投标人不得参加采购活动。

22. 与招标人和招标代理机构的接触

22.1 除按评标委员会要求的澄清外,从开标到签署合同期间,投标人不得就与其投标有关的任何事项与招标代理机构、招标人和评标委员会联系。

22.2 投标人试图对招标代理机构、招标人和评标委员会的评标、确定中标人或签署合同的决定进行影响,都可能导致废标。

22.3 异议

22.3.1 如对招标文件内容有异议,请在《投标人须知》前附表规定的时间前提出。招标人及代理机构有权不接受逾期提出的异议。

22.3.2 对开标环节有异议的,投标人须在开评标现场提出。相关环节结束后,招标人及招标代理机构将不接收对该环节提出的异议。

22.3.3 各投标人的各细项评审内容、分项得分和总分均属于需保密的评标过程内容,招标人和招标代理机构无义务向各投标人公布。

22.3.4 投标人认为中标结果使自己的合法权益受到损害的,可以在公示期内,由投标人授权代表(或法定代表人〈单位负责人〉)附身份证明材料,以书面形式向招标人或招标代理机构在规定的异议期内提出异议,逾期不予受理。

22.3.5 异议函内容应包括异议的详细理由和依据,并提供有关证明资料。

22.3.6 有以下情形之一的,视为无效异议:

(1)未按规定时间或规定方式提交异议的;

(2)异议内容含糊不清、没有提供详细理由和依据,无法进行核查的;

(3)其他不符合异议程序和有关规定的。

22.3.7 异议人有下列情形之一的,属于虚假、恶意异议,招标人和招标代理机构将驳回异议,将其列入不良行为记录名单,限制或拒绝其参加招标人和招标代理机构组织的采购活动,并视情况上报招标人采购主管部门或单位(包括招标人内部主管采购的部门、招标人的上级单位或主管采购的其他机构):

(1)一年内三次及以上异议均查无实据的;

(2)捏造事实、提供虚假投诉材料或提供以非法手段取得的证明材料异议的;

(3)其他经认定属于虚假、恶意投诉的行为。

六、中标人的确定

23. 审查确认

23.1 中标候选人的经营、财务状况发生较大变化或者存在违法行为,招标人认为可能影响其履约能力的,应当在发出中标通知书前由原评标委员会按照招标文件规定的标准和方法审查确认。

23.2 如审查第一中标候选人不符合中标条件,招标人有权取消其中标资格,重新组织招标或者委托评标委员会按照排名依次审查确认其他中标候选人。

24. 确定中标人的标准

评标委员会将根据招标文件确定的评分办法及评审标准对所有投标文件进行相同程序的评审和比较,并根据评审结果推荐 1~3 名中标候选人,且标明排序。

25. 招标人的权利

招标人在中标通知发出之前的任何时候，有取消本次招标或宣布投标无效或拒绝所有投标的权利，对因此而受影响的投标人不承担任何责任，也没有义务向受影响的投标人解释采取这一行动的理由并不承担任何赔偿费用。

26. 中标通知书

在投标有效期满之前，招标人向中标人发出中标通知书。中标通知书将构成合同的一部分。

七、合同的签署

27. 合同的签署

27.1 中标人应按法律法规及招标文件规定的时间与招标人签订合同。

27.2 采购双方必须严格按照招标文件、投标文件及有关承诺签订采购合同，不得擅自变更。合同的标的、价款、质量、履行期限等主要条款应当与招标文件和中标人的投标文件的内容一致，招标人和中标人不得再行订立背离合同实质性内容的其他协议。对任何因双方擅自变更合同实质性内容引起的问题，由双方通过其他法律途径解决，招标代理机构对此不承担责任，合同风险由双方自行承担。

28. 履约担保

28.1 中标人须按照投标人须知前附表中的规定提交履约担保。

28.2 招标人与中标人签订书面合同后，招标代理机构将通知所有未中标的投标人，并退还其投标担保。

28.3 如果中标人没有遵守本章 27.1、28.1 的规定，或出现《招标投标法》及其实施条例规定的其他不符合中标条件的情形的，招标人有权取消其中标资格、不予退还其提交的投标担保。在此情况下，招标人可以确定下一个综合排名最高的投标人为中标人并授予其合同，或重新招标。

29. 解释权

本招标文件的最终解释权归招标人所有。

第三章　采购合同

第四章　投标文件格式

正本或副本

项目名称：_____ 第___包

投 标 文 件

投标人：_____（单位公章）_____

_____年_____月_____日

投标文件资料清单

序号	资料名称	页码范围
一	投标函	
二	开标一览表	
三	分项价格表（货物／服务／工程）	
四	投标响应表（货物／服务），施工组织设计（工程）	
五	类似项目业绩表	
六	法定代表人（单位负责人）授权书	
七	法定代表人（单位负责人）身份证明	
八	生产厂商授权书（货物）	
九	相关授权或承诺书（货物）	
十	本地化服务情况一览表	
十一	无重大违法记录等情形声明函	
十二	联合体协议	
十三	拟投入本项目的人员情况（工程／服务）	
十四	投标人简介	
十五	有效的营业执照及相关资质证书	
十六	供货及实施方案（货物）／服务方案（服务）	
十七	资格条件和评标办法中规定需要提交的其他证明文件及承诺或投标人认为需要提供的其他资料	
十八	评审指标对应资料索引表	

一、投标函

致＿＿＿＿（招标人名称）＿＿＿＿：

1. 根据贵方"＿＿＿＿（项目名称）＿＿＿＿"（＿＿＿＿（项目编号）＿＿＿＿）的招标文件，经我方仔细研究，愿意以含税价人民币（大写）＿＿＿＿＿＿＿＿（￥＿＿＿＿＿＿）的报价（其中不含税价为：＿＿＿＿＿＿；增值税税额为：＿＿＿＿＿＿）完成/提供本项目工程/货物/服务，并按合同约定履行义务。

2. 我方的投标文件包括下列内容：

（1）投标函

（2）开标一览表

（3）分项报价表

（4）投标响应表/施工组织设计

（5）投标担保

（6）联合体协议书（如有）

……

投标文件的上述组成部分如存在内容不一致的，以投标函为准。

3. 我方承诺除投标响应表列出的偏离外，我方响应招标文件的全部要求。

4. 我方承诺在招标文件规定的投标文件有效期内不撤销投标文件。

5. 如我方中标，我方承诺：

（1）在收到中标通知书后，在中标通知规定的期限内与你方签订合同；

（2）在签订合同时不向你方提出附加条件；

（3）按照招标文件要求提交履约担保；

（4）在合同约定的期限内完成合同规定的全部义务。

6. 我方在此声明，所提交的投标文件及有关资料内容完整、真实和准确，且不存在招标文件中规定的投标人不得存在的情形。

7.＿＿＿＿＿＿＿＿＿＿＿＿＿＿（其他补充说明）

8. 与本投标有关的通信地址：＿＿＿＿＿＿＿＿＿＿＿＿＿＿

法定代表人（单位负责人）或其授权的代理人：＿＿＿＿＿＿（签字）

电　话：＿＿＿＿＿＿＿　　传　真：＿＿＿＿＿＿＿

投标人公章：＿＿＿＿＿＿＿　　日　期：＿＿＿＿＿＿＿

二、开标一览表

项 目 名 称	
投标人全称	
投标范围	全部 / 第_____包
最终投标报价 （人民币）	全部 大写： 小写：
交货期 / 服务期 / 工期 质保期	
备注	

投标人公章：

备注：

1. 此表用于开标会唱标之用。

2. 表中最终投标报价即为优惠后报价，并作为评标依据。任何有选择或有条件的最终投标报价，或者表中某一包填写多个报价，均为无效报价。

三、分项价格表（货物）

序号	品名、品牌、规格、型号、材质、原产地及生产厂家	单位	数量	单价	小计	备注
1						
2						
3						
4						
5						
6						
7						
8						
9						
10						
11						
12						
13						
	其他费用					
	…					
	…					
	…					
	合计					

投标人公章：

备注：

1. 表中所列货物为对应本项目需求的全部货物。如有漏项或缺项，投标人承担全部责任。

2. 表中须明确列出所投产品的品名、品牌、规格、型号、材质、原产地及生产厂家，否则投标无效。

3. 本表中的价格均包含增值税。

三、分项报价表（服务）

单位：人民币（元）

序号	服务内容	数量	单价	小计金额
1				
2				
3				
……				
合计金额				

投标人公章：

备注：表中所列服务为对应本项目技术要求的全部服务内容。如有漏项或缺项，投标人承担全部责任。

三、分项报价表（工程）

（招标人根据国家、行业、地方发布的计价办法，以及施工图纸等设计文件、施工现场实际情况、项目报价要求等，编制适合项目的报价表。参考工程量清单报价书）

四、投标响应表（货物）

按招标文件规定填写			按投标人所投内容填写	
第一部分：技术部分响应				
序号	品名	技术规格及配置	品牌、型号、技术规格及配置、材质	偏离说明
1				
2				
3				
4				
第二部分：商务部分响应				
序号	内容	招标要求	投标承诺	偏离说明
1	供货及安装期限			
2	质保期			
3	付款方式			
4	业绩			
5	其他			

投标人公章：

备注：

1. 投标人必须逐项对应描述投标货物主要参数、材质、配置及服务要求，如不进行描述，仅在响应栏填"响应"或未填写或复制（包括全部复制或主要参数及配置的复制）招标文件技术参数的，包括有选择性的技术响应（例如在某一分项中出现两个及以上的投标品牌或两种及两种以上的技术规格），均可能导致投标无效。

2. 投标人所投产品如与招标文件要求的规格及配置不一致，则须在上表偏离说明中详细注明。

3. 响应部分可后附详细说明及技术资料，并应注明投标文件中对应的页码范围。

四、投标响应表（服务）

序号	项目	招标文件的商务条款	投标文件的商务条款	偏离说明 无偏离 正偏离 负偏离	备注
1	服务地点				
2	服务期限				
3	付款方式				
4	……				

序号	项目	招标文件的技术规格	投标文件的技术规格	偏离说明 无偏离 正偏离 负偏离	备注 （可填写偏离原因和依据）
1					
2					
3					
4					
…	……				

投标人公章：

备注：

1. 投标人根据项目实际填写，表中项目招标要求不涉及的可留空或自行调整。对合同条款的偏离也应在本表提出。如不填写视为响应招标文件所有商务条款。

2. 投标人应对照招标文件技术规格和要求，在"技术条款响应／偏离表"中逐条应答，表明拟供服务对招标人的技术规格和要求做出了实质性的响应。应答时应进行详细描述，如仅在响应栏填"响应"或未填写或复制（包括复制全部或部分技术要求）招标文件技术要求的，包括有选择性的技术响应均可能导致投标无效。

3. 投标人提供服务如与招标文件要求的不一致，则须在上表偏离说明中详细注明"无偏离""正偏离"或"负偏离"。如不填写视为响应招标文件所有技术条款。

四、施工组织设计（工程）

1. 投标人编制施工组织设计的要求：编制时应采用文字并结合图表形式说明施工方法；拟投入本标段的主要施工设备情况、拟配备本标段的试验和检测仪器设备情况、劳动力计划等；结合工程特点提出切实可行的工程质量、安全生产、文明施工、工程进度、技术组织措施，同时应对关键工序、复杂环节重点提出相应技术措施，如冬（雨）季施工技术、减少噪音、降低环境污染、地下管线及其他地上地下设施的保护加固措施等。

2. 施工组织设计除采用文字表述外可附下列图表，图表及格式要求附后。

附表一　拟投入本标段的主要施工设备表

附表二　拟配备本标段的试验和检测仪器设备表

附表三　劳动力计划表

附表四　计划开、竣工日期和施工进度网络图

附表五　施工总平面图

附表六　临时用地表

附表一：拟投入本标段的主要施工设备表

序号	设备名称	型号规格	数量	国别产地	制造年份	额定功率（kW）	生产能力	用于施工部位	备注
……									

附表二：拟配备本标段的试验和检测仪器设备表

序号	仪器设备名称	型号规格	数量	国别产地	制造年份	已使用台时数	用途	备注
……								

附表三：劳动力计划表

工种	按工程施工阶段投入劳动力情况					
……						

附表四：计划开、竣工日期和施工进度网络图

1. 投标人应提交施工进度网络图或施工进度表，说明按招标文件要求的计划工期进行施工的各个关键日期。

2. 施工进度表可采用网络图（或横道图）表示。

附表五：施工总平面图

投标人应提交一份施工总平面图，绘出现场临时设施布置图表并附文字说明，说明临时设施、加工车间、现场办公、设备及仓储、供电、供水、卫生、生活、道路、消防等设施的情况和布置。

附表六：临时用地表

用途	面积（平方米）	位置	须用时间
……			

五、类似项目业绩表

项目名称：_____　项目编号：_____

序号	业主名称	等级	项目概况	合同金额	合同签订及完成时间	联系人	联系方式
1							
2							
3							
……							

投标人公章：

日期：

备注：提供符合招标文件要求的供货业绩、用户清单，注明联系方式、联系人等，同时须附合同复印件或系统验收报告复印件。

六、法定代表人（单位负责人）授权书

本授权书声明：本人＿＿（姓名）＿＿系＿＿（投标人名称）＿＿的法定代表人＿＿（单位负责人）＿＿，授权＿＿（投标人授权代表姓名、职务）＿＿代表本公司（工厂）参加＿＿（项目名称）＿＿采购活动（项目编号：＿＿＿＿＿＿＿＿＿＿＿＿＿），全权代表本公司（工厂）处理投标过程的一切事宜。委托事宜包括但不限于：提交投标文件，参与开标、谈判、签约等。投标人授权代表在投标过程中所签署的一切文件和处理与之有关的一切事务，本公司均予以认可并对此承担责任。投标人授权代表无转委托权。特此授权。

本授权书自出具之日起生效。

特此声明。

法定代表人（单位负责人） 身份证明复制件	授权代表身份证明复制件

投标人公章：＿＿＿＿＿＿＿＿＿＿＿＿＿＿＿＿＿

法定代表人（单位负责人）＿＿＿＿（签字或盖章）＿＿＿＿

日期：＿＿＿＿年＿＿＿＿月＿＿＿＿日

备注：

1. 本项目只允许有唯一的投标人授权代表，并提供身份证明复制件。

2. 法定代表人（单位负责人）参加投标的，无需投标授权书，提供身份证明复制件。

七、法定代表人 (单位负责人) 身份证明

单位名称: _____

单位性质: _____

地　址: _____

成立时间: _____年_____月_____日

经营期限: _____

姓　名: _____　性别: _____

年　龄: _____　职务: _____

系_____（投标人单位名称）_____的法定代表人 (单位负责人)。

特此证明。

法定代表人 (单位负责人)
身份证明复制件

投标人: _____（单位公章）_____

日　期: _____年_____月_____日

八、生产厂商授权书（货物）

（制造商参加投标的，不需提供此函，如允许标后提供授权，或为自制产品，或不允许代理商／销售商投标，不需此件）

致：_____（招标人名称）_____

_____（生产厂商名称）_____是根据_____依法正式成立的，主营业地点在_____（生产厂商地址）_____。_____（投标人名称）_____是我公司正式授权经营我公司_____（产品名称）_____的商家，它有权提供_____（项目名称）（项目编号：_____）_____所需的由我公司生产或制造的货物。

我公司保证与投标人共同承担该项目的相关法律责任及义务。

贸易公司名称（如涉及进口产品）：_____

出具授权书的生产厂商名称：_____

授权人公章：_____

日　　　期：_____

九、相关授权或承诺书（货物）

（投标人可自行制作格式）

招标文件中若要求提供产品的原厂授权、原厂售后服务承诺函、原厂技术服务承诺书及加盖原厂公章的相关证明材料，投标人须在投标文件中提供上述资料，如投标文件中未提供，投标人须在投标文件中作出书面承诺：如果我单位中标，我单位将在签订合同时向招标人提供上述资料，逾期未提供的，按自动放弃中标资格处理，由此产生的一切相关责任均由我公司承担。

投标人公章：_____

日　　　期：_____

十、本地化服务情况一览表

（如招标文件未作本地化服务要求，不需此件）

投标人全称		
本地化服务形式	□ 在本地具有固定的办公场所及人员 □ 在本地具有固定的合作伙伴 □ 在本地注册成立 □ 承诺中标即设立本地化服务机构 本地系指：＿＿＿＿＿＿＿（符合本项规定的，在相应位置进行勾选）	
以下本地注册的公司无须填写		
本地化服务地点及联系方式		负责人及联系方式（附身份证号码）
服务人员名单及联系方式(附身份证号码)		
其他有关证明文件说明(如营业执照等，如有)：		
备注：具有合作伙伴的应填写合作伙伴的相关资料，并提供双方的合作协议以及合作伙伴的营业执照等证明文件。		

投标人公章：（盖章）

备注：投标人应根据投标人须知的要求填写本表，按照实际情况在"本地化服务形式"进行勾选。

十一、无重大违法记录等情形声明函

本单位郑重声明,根据《中华人民共和国招标投标法》《中华人民共和国招标投标法实施条例》等规定,本单位无以下规定的被限制性情形:

(1)被市场监督管理机关在全国企业信用信息公示系统中列入严重违法失信企业名单(以国家企业信用信息公示系统 http://www.gsxt.gov.cn/index.html 查询结果为准);

(2)被最高人民法院在"信用中国"网站(www.creditchina.gov.cn)或各级信用信息共享平台中列入失信被执行人名单;

(3)《中华人民共和国招标投标法》及其实施条例等法律法规等被限制投标的情形;

(4)投标人须知规定的被限制投标情形。

组建联合体投标的,保证联合体各成员均无上述被限制性情形(如本项目接受联合体投标的话)。

我单位已就上述各被限制性情形,按照上述规定进行了查询及确认。我单位承诺:合同签订前,若我单位具有上述情形,贵方可取消我单位中标资格或者不授予合同,所有责任由我单位自行承担。同时,我单位愿意无条件接受监管部门的调查处理。

我单位对上述声明的真实性负责。如有虚假,将依法承担相应责任。

投标人(单位公章):_____

法定代表人(单位负责人)或其委托代理人(签字):_____

_____年_____月_____日

十二、联合体协议

（不允许联合体投标或未组成联合体投标，不需此件）

_____与_____就"_____"（项目编号：_____）的投标有关事宜，经各方充分协商一致，达成如下协议：

一、由_____牵头，_____参加，组成联合体共同进行本项目的投标工作。

二、_____为本次投标的牵头方，联合体以牵头方的名义参加投标。牵头方负责投标项目的一切组织、协调工作，并授权投标代理人以联合体的名义参加项目的投标，代理人在投标、开标、评标、合同签订过程中所签署的一切文件和处理与本次招标的有关一切事物，联合体各方均予以承认并承担法律责任。联合体中标后，联合体各方共同或授权联合体牵头方与采购人签订合同，就本中标项目对采购人承担连带责任。

三、如联合体中标，则牵头方负责_____等工作；参加方负责_____等工作。联合体各方就本项目所有内容向招标人承担连带责任。

四、各方不得再以自己名义单独在本项目中投标，也不得组成新的联合体参加本项目投标。

五、未中标，本协议自动废止。

牵头方：（公章）   参加方：（公章）

法定代表人：   法定代表人：

地　　址：   地　　址：

邮　　编：   邮　　编：

电　　话：   电　　话：

签订日期：____年____月____日

十三、拟投入本项目的人员情况（工程／服务）

（一）项目管理机构组成表

职务	姓名	职称	执业或职业资格证明					备注
			证书名称	级别	证号	专业	养老保险	
……								

（二）主要人员简历表

"主要人员简历表"中的项目负责人（项目经理）应附资质证书、身份证、职称证、学历证、养老保险复制件，管理过的项目业绩须附合同协议书复制件；技术负责人应附身份证、职称证、学历证、养老保险复制件，管理过的项目业绩须附证明其所任技术职务的企业文件或用户证明；其他主要人员应附职称证（执业证或上岗证书）、养老保险复制件。

姓名		年龄		学历	
职称		职务		拟在本合同任职	
毕业学校	_____年毕业于_____学校_____专业				
主要工作经历					
时间	参加过的类似项目		担任职务	发包人及联系电话	
……					

十四、投标人简介
（投标人格式自拟）

十五、有效的营业执照及相关资质证书复制件

十六、供货及实施方案(货物)/ 服务方案(服务)
（投标人格式自拟）

十七、资格条件和评标办法中规定需要提交的其他证明文件及承诺或投标人认为需要提供的其他资料
（投标人格式自拟）

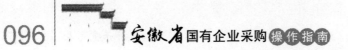

十八、评审指标对应资料索引表

序号	招标文件"评标办法"评审对应指标	陈述、说明、方案及证明资料名称	投标文件对应页码范围
一	初步审查指标		
1			
2			
3			
……			
二	详审指标		
1			
2			
3			
……			

备注：投标人应根据招标文件评标办法的要求填写上述表格，并在投标文件中提供初审指标及详审指标（可就某一指标分开列明）逐条相对应的陈述、说明、方案及证明资料及对应页码范围。

第五章　评标方法

（综合评分法）

综合评分法：评标委员会根据招标文件的要求，对通过招标文件初审和详细审查的投标人的商务分、技术分进行综合评审后，选择能最大限度地满足招标文件规定的各项综合评价标准，以商务分和技术分之和由高到低的顺序，向招标人推荐一至三名有排序的合格的中标候选人，若出现总得分相同的情况，确定技术得分最高的投标人为中标人，若出现商务和技术得分均相同的情况，由评标委员会投票决定中标人。（满分 100 分，计算过程和结果均保留 2 位小数，第 3 位四舍五入）

1. 初步审查

_____（项目名称）初审表

投标人：

初审指标

序号	指标名称	指标要求	是否通过	投标文件格式及提交资料要求
1	营业执照	合法有效		提供有效的营业执照和税务登记证的复制件，应完整地体现营业执照和税务登记证的全部内容。已办理"三证合一"登记的，投标文件中提供营业执照复制件即可。联合体投标的联合体各方均须提供
2	税务登记证	合法有效		
3	投标函	符合招标文件要求		投标文件格式一
4	投标授权书	原件，符合招标文件要求		法定代表人（单位负责人）参加投标的无需此件，提供身份证明复印件即可
5	开标一览表	符合最高投标限价要求		投标文件格式二
6	投标担保	符合招标文件要求		
7	投标人资格条件要求	符合招标文件要求		提供资质证书复制件
8	业绩	符合招标文件要求		
9	本地化服务	符合招标文件要求		投标文件格式十

10	标书响应情况	付款方式、供货及安装期限响应/服务期/工期、质保期响应等		
11	技术参数	符合招标文件要求		
12	样品	符合招标文件要求		
13	其他要求	招标公告或招标文件列明的其他要求：如联合体投标的投标人应提交各方共同签署的联合体协议等		

初审指标通过标准：
投标人必须通过上述全部指标。

备注：
1. 无论何种原因，即使投标人开标时携带了证书材料的原件，但在投标文件中未提供与之内容完全一致的复制件的，评标委员会可以视同其未提供。
2. 以上证明文件均须合法有效。如按照国家规定需要进行年审的证书，证书必须年审合格。

备注：评审中，评标委员会发现投标人的投标文件中对同类问题表述不一致、前后矛盾、有明显文字和计算错误的内容、有可能不符合招标文件规定等情况需要澄清时，评标委员会将以询标的方式告知并要求投标人以书面方式进行必要的澄清、说明或补正。对于询标后判定为不符合招标文件的投标文件，评委要提出充足的否定理由，并予以书面记录。最终对投标人的评审结论分为通过和未通过。

询标函格式如下：

询 标 函

项目名称：_____

项目编号：_____

询标内容	
投标人说明并签字	投标人： 授权委托人签字： 授权委托人身份证号： 日期：
评审结论	□通过。通过理由： □不通过。不通过的招标文件条款依据或法律依据：
评委签字	

时间：_____年_____月_____日

2. 商务分(＿＿＿分)(有效最低价为评标基准价)

2.1 计算投标报价得分前,由评标委员会审查各投标报价是否有异常情况。

2.2 评标基准价:所有有效投标价的最低价。(有效报价指:通过初步审查投标文件的投标价)

2.3 价格得分计算:以经过初步评审确认的投标单位最终报价与评标基准价相比,与基准价相等的得＿＿＿分,当投标人有效投标报价高于评标基准价时,每高1%扣＿＿＿分 (不足部分按四舍五入法计算),扣完为止。

2.4 各投标人应按拟开具的一般纳税人增值税专用发票金额报价,否则视为无效。

2. 商务分(＿＿＿分)(有效报价平均价为评标基准价)

2.1 计算投标报价得分前,由评标委员会审查各投标报价是否有异常情况。

2.2 评标基准价的确定:通过资格审查和投标文件初审及详细评审,并按照招标文件要求进行算术修正后的投标人投标报价的算术平均值作为评标基准价,经过评标委员会评定废标的投标报价不参与评标基准价的计算。

2.3 以经过初步评审确认的投标单位最终报价与评标基准价相比,与基准价相等的得＿＿＿分,每偏离 +1% 扣＿＿＿分,每偏离 –1% 扣＿＿＿分,(不足部分按四舍五入计算)扣完为止,不计负分。

2.4 各投标人应按拟开具的一般纳税人增值税专用发票金额报价,否则视为无效。

3. 技术分(＿＿＿分,取所有评委评分的平均值作为投标人最终技术标得分)

类别	评分内容	评分标准	分值范围
技术分(＿＿＿分)			X–Y
			X–Y
			X–Y
			X–Y
			X–Y
资信分(＿＿＿分)			X–Y
			X–Y
			X–Y
			X–Y
			X–Y

4. 评标纪律

4.1 评标委员会在评标过程中发现的问题，应当区别情形及时作出处理或者向招标人提出处理建议，并作书面记录。

4.2 在评审过程中，评标委员会发现投标人的报价或者某些分项报价明显不合理或者低于成本，有可能影响商品质量或不能诚信履约的，评标委员会将以询标的方式告知并要求投标人以书面方式进行必要的说明或补正。对于询标后判定为不符合招标文件的报价，评标委员会应提出充足的否定理由，并予以书面记录。最终对投标人的评审结论分为通过和未通过。

4.3 评标后，评标委员会应编写评审报告并签字。评审报告是评标委员会根据全体评标成员签字的原始评标记录和评标结果编写的报告，评标委员会全体成员及监督员均须在评审报告上签字。评审报告应如实记录本次评标的主要过程，全面反映评标过程中的各种不同的意见，以及其他澄清、说明、补正事项。

4.4 评标委员会成员应当在评标报告上签字，对自己的评审意见承担法律责任。对评标报告有异议的，应当在评标报告上签署不同意见，并说明理由，否则视为同意评标报告。

4.5 评标委员会和评标工作人员应严格遵守国家的法律法规和规章制度；严格按照本次招标文件进行评标；公正廉洁、不徇私情，不得损害国家利益；保护招标人、投标人的合法权益。

4.6 在评标过程中，评委及其他评标工作人员必须对评标情况严格保密，任何人不得将评标情况透露给与投标人有关的单位和个人。如有违反评标纪律的情况发生，将依据相关法律法规的规定，追究有关当事人的责任。

第五章　评标方法

（最低价评审法）

一、总　则

第一条　为了做好＿＿＿＿＿（项目名称）＿＿＿＿招标(项目编号：＿＿＿＿＿＿)的招标评标工作,保证项目评审工作的正常有序进行,维护招标人、投标人的合法权益,依据相关法律法规,本着公开、公平、公正的原则,制定评标办法。

第二条　本次项目评标采用最低价评审法作为对投标人标书的比较方法。

第三条　本项目将依法组建不少于5人组成的评标委员会,负责本项目的评标工作。

第四条　评标委员会按照"客观公正,实事求是"的原则,评价参加本次招标的投标人所提供的产品价格、性能、质量、服务及对招标文件的符合性及响应性。

二、评标程序及评审细则

第五条　评标工作于开标后进行。评标委员会应认真研究招标文件,至少应了解和熟悉以下内容：

（一）招标的目标；

（二）招标项目的范围和性质；

（三）招标文件中规定的主要技术要求、标准和商务条款；

（四）招标文件规定的评标标准、评标方法和在评标过程中考虑的相关因素。

第六条　有效投标应符合以下原则：

（一）满足招标文件的实质性要求；

（二）无重大偏离、保留或采购人不能接受的附加条件；

（三）通过投标有效性评审；

（四）评标委员会依据招标文件认定的其他原则。

第七条　评标委员会从报价最低的投标文件开始独立评审,按通过投标有效性评审的报价从低到高的顺序依次选出中标候选人。评标委员会无须对所有投标文件进行评审。

第八条　评审中,评标委员会发现投标人的投标文件中对同类问题表述不一致、前后矛盾、有明显文字和计算错误的内容、有可能不符合招标文件规定等情况需要澄清时,评标委员会将以询标的方式告知并要求投标人以书面方式进行必要的澄清、说明或补正。对于询标后判定为不符合招标文件的投标文件，评委要提出充足的否定理由，并予以书面记录。最终对投标人的评审结论分为通过和未通过。

询标函格式如下：

<h1 style="text-align:center">询 标 函</h1>

项目名称：＿＿＿＿＿＿＿＿＿＿＿

项目编号：＿＿＿＿＿＿＿＿＿＿＿

询标内容	
投标人说明并签字	投标人： 授权委托人签字： 授权委托人身份证号： 日期：
评审结论	□通过。通过理由： □不通过。不通过的招标文件条款依据或法律依据：
评委签字	

时间：＿＿＿＿年＿＿＿＿月＿＿＿＿日

第九条 评标委员会按下表内容进行投标有效性评审，投标有效性评审分为初审和详审。

<table>
<tr><td colspan="5" align="center">_____（项目名称）_____评审表</td></tr>
<tr><td colspan="5">投标人：</td></tr>
<tr><td colspan="5">**一、初审指标**</td></tr>
<tr><td>序号</td><td>指标名称</td><td>指标要求</td><td>是否通过</td><td>投标文件格式及提交资料要求</td></tr>
<tr><td>1</td><td>营业执照</td><td>合法有效</td><td></td><td rowspan="2">提供有效的营业执照和税务登记证的复印件或影印件，应完整地体现营业执照和税务登记证的全部内容。已办理"三证合一"登记的，投标文件中提供营业执照复印件或影印件即可。联合体投标的联合体各方均须提供</td></tr>
<tr><td>2</td><td>税务登记证</td><td>合法有效</td><td></td></tr>
<tr><td>3</td><td>投标函</td><td>符合招标文件要求</td><td></td><td>投标文件格式一</td></tr>
<tr><td>4</td><td>投标授权书</td><td>原件，符合招标文件要求</td><td></td><td>法定代表人参加投标的无需此件，提供身份证明复印件即可</td></tr>
<tr><td>5</td><td>投标担保</td><td>符合招标文件要求</td><td></td><td></td></tr>
<tr><td>6</td><td>开标一览表</td><td>符合最高投标限价要求</td><td></td><td>投标文件格式二</td></tr>
<tr><td>7</td><td>投标人资格条件要求</td><td>符合招标文件要求</td><td></td><td>提供资质证书复印件或影印件</td></tr>
<tr><td>8</td><td>业绩</td><td>符合招标文件要求</td><td></td><td></td></tr>
<tr><td>9</td><td>本地化服务</td><td>符合招标文件要求</td><td></td><td>投标文件格式十</td></tr>
<tr><td>10</td><td>标书响应情况</td><td>付款方式、供货及安装期限响应/服务期/工期、质保期响应等</td><td></td><td></td></tr>
<tr><td>11</td><td>样品</td><td>符合招标文件要求</td><td></td><td></td></tr>
<tr><td>12</td><td>其他要求</td><td>招标公告或招标文件列明的其他要求：如资质要求、联合体投标的投标人应提交各方共同签署的联合体协议等</td><td></td><td></td></tr>
<tr><td colspan="5">初审指标通过标准：
投标人必须通过上述全部指标。</td></tr>
</table>

二、详审指标（一般货物选用）

序号	指标名称	指标要求	是否通过	不通过的理由及原因
1				
2				
3				
4				

评审指标通过标准：
投标人必须同时满足以下两条要求：
（1）评审指标中第_____、_____、_____、_____项必须通过；
（2）评审指标中必须有____项及以上通过。

评委签字：
评审时间：

备注：
1. 无论何种原因，即使投标人开标时携带了证书材料的原件，但在投标文件中未提供与之内容完全一致的复制件的，评标委员会可以视同其未提供。
2. 以上证明文件均须合法有效。如按照国家规定需要进行年审的证书，证书必须年审合格。

第十条　评委独立评审后，评标委员会对投标人某项指标如有不同意见，按照少数服从多数的原则，确定该项指标是否通过。符合初审指标及评审指标通过标准的，为有效投标。

第十一条　如果通过投标有效性评审的投标报价出现两家或两家以上相同者，则按照技术指标优劣顺序排出中标候选人顺序。

第十二条　评标委员会在评标过程中发现的问题，应当区别情形及时作出处理或者向招标人提出处理建议，并作书面记录。

第十三条　在评审过程中，评标委员会发现投标人的报价或者某些分项报价明显不合理或者低于成本，有可能影响商品质量或不能诚信履约的，评标委员会将以询标的方式告知并要求投标人以书面方式进行必要的说明或补正。对于询标后判定为不符合招标文件的报价，评标委员会应提出充足的否定理由，并予以书面记录。最终对投标人的评审结论分为通过和未通过。

第十四条　评标后,评标委员会应编写评审报告并签字。评审报告是评标委员会根据全体评标成员签字的原始评标记录和评标结果编写的报告,评标委员会全体成员及监督员均须在评审报告上签字。评审报告应如实记录本次评标的主要过程,全面反映评标过程中的各种不同的意见,以及其他澄清、说明、补正事项。

第十五条　评标委员会成员应当在评标报告上签字,对自己的评审意见承担法律责任。对评标报告有异议的,应当在评标报告上签署不同意见,并说明理由,否则视为同意评标报告。

三、评标纪律

第十六条　评标委员会和评标工作人员应严格遵守国家的法律法规和规章制度;严格按照本次招标文件进行评标;公正廉洁、不徇私情,不得损害国家利益;保护招标人、投标人的合法权益。

第十七条　在评标过程中,评委及其他评标工作人员必须对评标情况严格保密,任何人不得将评标情况透露给与投标人有关的单位和个人。如有违反评标纪律的情况发生,将依据相关法律法规的规定,追究有关当事人的责任。

第六章　采购需求

采购需求编制要求：

1. 工程项目应提供图纸、技术标准和要求、工程量清单。

2. 货物项目应尽可能清晰、准确地提出对货物的需求，并对所要求提供的货物名称、规格、数量、单位，以及交货时间、交货地点、技术性能指标、检验考核要求、技术服务和售后服务要求、是否要求或允许对主要材料和关键部件进行外购等作出说明。

3. 服务项目应明确服务采购需求和服务工作开展条件、服务成果（成果文件、周期、质量、配合技术服务等）要求等内容。

◎比选文件示范文本

_____采购项目

（项目编号：_____）

比 选 文 件

采购人（或采购代理机构）：_____（单位公章）_____

_____年_____月_____日

目　录

第一章　比选公告

（适用于公告邀请供应商方式）

_____（项目名称）_____已具备采购条件，现公开邀请具备条件的供应商参加比选采购活动。

1. 采购项目简介

1.1 采购项目名称： _____

1.2 采购项目编号： _____

1.3 采购人： _____

1.4 采购代理机构（如有）： _____

1.5 资金落实情况： _____

1.6 项目概况： _____

1.7 成交供应商数量：□一家_____ □_____家（适用于框架协议采购第一阶段）

2. 采购范围及相关要求（工程）

2.1 采购范围： _____

2.2 计划工期： _____ （计划开工日期 _____，具体以开工令为准）

2.3 建设地点： _____

2.4 工程质量： _____

2. 采购范围及相关要求（货物）

2.1 采购范围： _____

2.2 交货期： _____

2.3 质保期： _____

2.4 货物质量标准： _____

2. 采购范围及相关要求（服务）

2.1 采购范围： _____

2.2 服务期限： _____

2.3 服务地点： _____

2.4 质量要求或服务标准： _____

3. 供应商资格条件

3.1 资质要求： _____

3.2 财务要求： _____

3.3 业绩要求：＿＿＿＿＿＿＿＿＿＿＿＿＿＿＿＿＿

3.4 信誉要求：＿＿＿＿＿＿＿＿＿＿＿＿＿＿＿＿＿

3.5 主要人员要求：＿＿＿＿＿＿＿＿＿＿＿＿＿＿＿

3.6 其他要求：＿＿＿＿＿＿＿＿＿＿＿＿＿＿＿＿＿

3.7 本项目＿＿（接受或不接受）＿＿联合体。

组成联合体的，应满足下列要求：＿＿＿＿＿＿＿＿

4. 比选文件的获取

4.1 获取时间：＿＿＿＿＿＿＿＿＿＿＿＿＿＿＿＿

4.2 比选文件售价：＿＿＿＿＿＿＿＿＿＿＿＿＿＿

4.3 获取方式：＿＿＿＿＿＿＿＿＿＿＿＿＿＿＿＿

5. 响应文件提交截止时间

＿＿＿＿＿＿＿＿＿＿＿＿＿＿＿＿＿＿＿＿＿＿

6. 响应文件提交地点

6.1 提交地点：＿＿＿＿＿＿＿＿＿＿＿＿＿＿＿＿

6.2 逾期送达的、未送达指定地点的响应文件，采购人将拒绝接收。

7. 发布公告的媒介

本次比选公告在＿＿＿（发布公告的媒介名称）＿＿＿上发布。

8. 联系方式

采购人：＿＿＿＿＿＿＿＿＿＿＿＿＿＿＿＿＿＿＿

地址：＿＿＿＿＿＿＿＿＿＿＿＿＿＿＿＿＿＿＿＿

联系人：＿＿＿＿＿＿＿＿＿＿＿＿＿＿＿＿＿＿＿

联系电话：＿＿＿＿＿＿＿＿＿＿＿＿＿＿＿＿＿＿

电子邮箱：＿＿＿＿＿＿＿＿＿＿＿＿＿＿＿＿＿＿

采购代理机构（如有）：＿＿＿＿＿＿＿＿＿＿＿＿

地址：＿＿＿＿＿＿＿＿＿＿＿＿＿＿＿＿＿＿＿＿

联系人：＿＿＿＿＿＿＿＿＿＿＿＿＿＿＿＿＿＿＿

联系电话：＿＿＿＿＿＿＿＿＿＿＿＿＿＿＿＿＿＿

电子邮箱：＿＿＿＿＿＿＿＿＿＿＿＿＿＿＿＿＿＿

第一章　比选邀请书

（适用于直接邀请供应商方式）

_____（被邀请单位名称）_____：

_____（项目名称）_____已具备采购条件，现邀请贵单位参加本项目的比选采购活动。

1. 采购项目简介

    1.1 采购项目名称：_____

    1.2 采购项目编号：_____

    1.3 采购人：_____

    1.4 采购代理机构（如有）：_____

    1.5 资金落实情况：_____

    1.6 项目概况：_____

    1.7 成交供应商数量：□一家   □_____家（适用于框架协议采购第一阶段）

2. 采购范围及相关要求（工程）

    2.1 采购范围：_____

    2.2 计划工期：_____（计划开工日期_____，具体以开工令为准）

    2.3 建设地点：_____

    2.4 工程质量：_____

2. 采购范围及相关要求（货物）

    2.1 采购范围：_____

    2.2 交货期：_____

    2.3 质保期：_____

    2.4 货物质量标准：_____

2. 采购范围及相关要求（服务）

    2.1 采购范围：_____

    2.2 服务期限：_____

    2.3 服务地点：_____

    2.4 质量要求或服务标准：_____

3. 供应商资格条件

3.1 资质要求：_____

3.2 财务要求：_____

3.3 业绩要求：_____

3.4 信誉要求：_____

3.5 主要人员要求：_____

3.6 其他要求：_____

3.7 本项目___（接受或不接受）___联合体。

组成联合体的,应满足下列要求：_____

4. 比选文件的获取

4.1 获取时间：_____

4.2 比选文件售价：_____

4.3 获取方式：_____

5. 响应文件提交截止时间

_____

6. 响应文件提交地点

6.1 提交地点：_____

6.2 逾期送达的、未送达指定地点的响应文件,采购人将拒绝接收。

7. 联系方式

采购人：_____

地址：_____

联系人：_____

联系电话：_____

电子邮箱：_____

采购代理机构(如有)：_____

地址：_____

联系人：_____   联系电话：_____

电子邮箱：_____

附件：确认通知

确认通知

_____（采购人名称）_____：

我方已于_____年_____月_____日收到你方_____年_____月_____日发出的_____（项目名称）_____采购项目的比选邀请书，并确认___（参加 / 不参加）此次比选___采购活动。

特此确认。

被邀请单位名称：_____（单位公章）_____

_____年_____月_____日

第二章　供应商须知

供应商须知前附表

序号	条款名称	内　容
01	踏勘现场（如有）	□本项目无须踏勘现场 □组织集中踏勘现场 □供应商自行踏勘现场 踏勘时间：_____ 踏勘集中地点：_____ 踏勘联系人及联系电话：_____ 备注：如供应商未按本文件要求，参加采购人统一组织的集中踏勘或未进行自行踏勘现场，视同放弃踏勘，由此引起的一切责任由供应商自行承担
02	分包（工程或服务）	不得分包的内容：_____ 对分包的要求：_____
03	构成比选文件的其他资料	资料名称：_____
04	（货物） 交货期 交货地点 （服务） 服务期 服务地点 （工程） 工期 建设地点	交货期：_____ 交货地点：_____ 服务期：_____ 服务地点：_____ 工期：_____ 建设地点：_____
05	付款方式	付款方式：_____
06	质保期	质保期：_____
07	比选文件澄清和比选文件异议	采购人将于___年___月___日___时前接受比选文件答疑与异议，逾期不予受理。采购人对比选文件进行的答疑、澄清、变更或补充，将会及时发布，该内容为比选文件的组成部分，对供应商具有同样约束力。供应商应主动查询。采购人不承担供应商未及时关注相关信息引发的相关责任
08	响应文件有效期	有效期：_____
09	最高限价或其计算方法	□无 □有，最高限价或其计算方法：_____
10	响应报价的其他要求	
11	比选担保	□无 □有，担保金额：_____ 担保形式：_____

续表

序号	条款名称	内 容
12	响应文件份数	正本＿＿＿份,副本＿＿＿份(注:若本项目划分为多个包次,且供应商参选多个包次的采购,请分开制作相应的响应文件)
13	资质要求证明材料	□不适用 □适用。供应商应提供相关资质证书的复印件或影印件,以证明具有承担本项目要求的资质 资质证书包括:＿＿＿＿＿＿＿＿ (注:此处应填写资质证书的名称、等级、专业、颁发机构等内容)
14	财务要求证明材料	□不适用 □适用。供应商应提供近年财务会计报表复印件或影印件,包括资产负债表、利润表。近年财务会计报表年份是指:＿＿＿＿年至＿＿＿＿年(供应商的成立时间少于该规定年份的,应提供成立以来的财务会计报表)
15	业绩要求证明材料	□不适用 □适用。供应商应提供近年的类似项目业绩表,以证明具有承担本项目要求的业绩。近年是指:＿＿＿＿年至＿＿＿＿年 业绩证明材料须提供: □合同/订单 □中标通知书/成交通知书 □竣工验收报告/验收证明 □业绩中业主方开具的证明 □其他材料:＿＿＿＿＿＿＿＿
16	信誉要求证明材料	□不适用 □适用。供应商应提供相关信誉情况的证明材料,包括: ＿＿＿＿＿＿＿＿＿＿＿＿
17	承担本项目主要人员要求证明材料	□不适用 □适用。供应商应提供拟委任的主要人员汇总表和主要人员简历表。供应商应填报满足"比选公告/比选邀请书"规定的项目负责人和其他主要人员的相关信息,并按如下要求提供相关证明文件: ＿＿＿＿＿＿＿＿＿＿＿＿ (注:一般工程和服务项目可以有本项要求,采购人可在此处明确对有关人员职称证书、执业证书、社保缴费证明及业绩证明等具体要求)
18	其他要求证明材料	
19	本地化服务	本项目是否要求本地化服务能力: □不要求 □要求,＿＿＿＿＿＿＿＿＿＿

序号	条款名称	内 容
20	履约担保	□无履约担保 □有履约担保 1. 履约担保的形式：_____ 2. 履约担保的提交时间：_____ 3. 履约担保的金额：_____ 4. 履约担保的退还时间：_____
21	评审样品	□不需要 □需要，____（样品名称） 样品提交数量：_____ 样品封装要求：_____ 样品提交时间：_____ 样品提交地点：_____ 备注： 1. 未成交供应商的样品：成交公示结束后请各供应商自行取回，否则采购人将在____个工作日后自行处理。 2. 成交供应商的样品：成交公示结束后将由采购人封存，在后期供货时比对，如供货时货物质量明显低于样品质量，视为供货不合格，买方可以拒收。 3. 未提供样品或提供的样品不符合比选文件要求的，供应商将自行承担由此带来的后果。
22	评审办法	□最低价评审法　□综合评分法　□其他评审办法
23	成交候选供应商公示	公示媒介：_____ 公示期限：_____ 其他应公示的内容：_____
24	成交结果公示	公示媒介：_____ 其他应公示的内容：_____
25	成交结果异议提出时间	□成交候选供应商公示期间内提出 □成交结果公示（通知）3日内提出
26	异议渠道	联系人：_____ 联系方式：_____ 地址：_____ 其他：_____
27	备注	

供应商须知

注：如供应商须知前附表与本部分对同一内容的规定不一致，以供应商须知前附表的规定为准。

（一）采购方式及定义

1. 本次采购采用比选方式（以下简称"比选"），本比选文件仅适用于本□比选公告 / □比选邀请书中所述项目。

2. 合格的供应商

（1）满足本项目供应商的资格条件的规定；

（2）满足本项目实质性条款的规定；

3. 供应商之间如果存在下列情形之一的，不得同时参加本项目采购活动

（1）与采购人存在利害关系且可能影响采购活动公正性的；

（2）与本项目的其他供应商为同一个法定代表人（单位负责人）；

（3）与本项目的其他供应商存在控股、管理关系；

（4）为本项目的采购代理机构；

（5）被责令停产停业、暂扣或者吊销许可证、暂扣或者吊销执照；

（6）进入清算程序，或被宣告破产，或其他丧失履约能力的情形；

（7）法律法规或供应商须知前附表及比选公告 / 比选邀请书规定的其他情形。

4. 比选费用

供应商应自行承担所有与参加比选有关的费用，无论比选过程中的做法和结果如何，采购人在任何情况下均无义务和责任承担这些费用。

（二）比选文件

1. 比选文件构成

比选文件由以下部分组成：

（1）比选公告 / 比选邀请书

（2）供应商须知

（3）采购合同

（4）响应文件格式

（5）评审方法

（6）采购需求

2. 比选文件的澄清及修改

（1）任何要求对比选文件进行澄清的供应商，均应按供应商须知前附表中的时间及联系方式，以书面形式通知采购人。提交首次响应文件截止之日前，采购人可以对已发出的比选文件进行必要的澄清或者修改，澄清或者修改的内容作为比选文件的组成部分。澄清或者修改的内容可能影响响应文件编制的，采购人将在提交首次响应文件截止时间至少____日前，发布更正公告并通知所有获取比选文件的供应商。不足____日的，顺延提交首次响应文件截止时间。

（2）除非有必要，采购人有权拒绝回复供应商在须知前附表中规定的时间后提出的任何澄清要求。

（三）响应文件的提交及编制

1. 供应商应当在比选文件要求的截止时间前，将响应文件密封送达指定地点。在截止时间后送达的响应文件采购人将拒绝接受。供应商在提交响应文件截止时间前，可以对所提交的响应文件进行补充、修改或者撤回，并书面通知采购人。补充、修改的内容作为响应文件的组成部分。供应商补充、修改或者撤回已提交的响应文件的，应当在补充、修改或者撤回通知上签字盖章，具体要求按比选文件的相关规定执行。补充、修改的内容与响应文件不一致的，以补充、修改的内容为准。

2. 供应商应当按照比选文件的要求编制响应文件，并对其提交的响应文件的真实性、合法性承担法律责任。

3. 响应文件的语言及度量衡单位

（1）供应商提交的响应文件以及供应商与采购人就有关比选采购活动的所有来往通知、函件和文件均应使用简体中文；

（2）除技术性能另有规定外，响应文件所使用的度量衡单位，均须采用国家法定计量单位。

4. 响应文件构成

（1）供应商应该按照比选文件的要求编写响应文件；

（2）供应商应将响应文件按顺序装订成册，并编制响应文件资料目录。

5. 证明供应商资格及符合比选文件规定的文件

（1）供应商应按要求提交资格证明文件及符合比选文件规定的文件；

（2）供应商除必须具有履行合同所需的提供货物以及服务的能力外，还必须具备相应的财务、技术方面的能力。

6. 比选担保

（1）供应商应按照比选文件的相关规定提交比选担保。供应商提交的比选担保必须在响应文件提交截止时间前送达，并作为其响应文件的组成部分，否则将被视为非实质性响应而予以拒绝；

（2）未成交供应商的比选担保将在成交通知书发出后 10 个工作日内退还；

（3）有下列情形之一的，比选担保不予退还：

① 供应商在提交响应文件截止时间后撤销响应文件的；

② 供应商在响应文件中提供虚假材料的；

③ 除因不可抗力或比选文件认可的情形以外，成交供应商不与采购人签订合同的；

④ 供应商与采购人、其他供应商恶意串通的；

⑤ 比选文件规定的其他情形。

7. 响应文件份数和签署

（1）供应商应严格按照供应商须知前附表中要求的份数准备响应文件，每份响应文件须清楚地标明"正本"或"副本"字样。一旦正本和副本不符，以正本为准。

（2）若项目分包，响应文件按包分别制作，采用非活页方式装订。若供应商认为需要附产品样本等资料的，相关资料不得散装，可装订在响应文件的最后部分（特殊规格的图纸、方案、图片、资料除外）。响应文件如采用不牢固装订，不牢固装订包括但不限于各种活页夹、文件夹、塑料方便式书籍（插入式或穿孔式）等，导致响应文件不完整、影响评审的，一切后果由供应商自行承担。

（3）除供应商对错处做必要修改外，响应文件不得行间插字、涂改或增删。如有修改错漏处，由法定代表人（单位负责人）或其授权的代理人签字或加盖单位公章。

（四）响应文件的提交

1. 响应文件的密封和标记

（1）供应商应将响应文件正本和所有副本密封，并加盖供应商公章。不论供应商成交与否，响应文件均不退回。电子版文件随响应文件一起密封。

（2）密封的响应文件应按照下列要求：

① 注明供应商名称，如因标注不清而产生的后果由供应商自负。按比选文件中注明的地址送达。

② 注明比选项目名称、项目编号。

③ 未按要求密封和加写标记，采购人对误投或过早启封概不负责。对由此造成提前开封的响应文件，采购人将予以拒绝，作无效响应处理。

2. 响应文件提交截止时间

（1）采购人收到响应文件的时间不得迟于比选文件中规定的截止时间；

（2）采购人可以按照规定，通过修改比选文件酌情延长响应文件提交截止时间。

（五）比选与评审

1. 比选

（1）采购人将在比选文件中规定的时间和地点组织比选。供应商应委派携带有效证件的代表准时参加，参加比选的代表需签名以证明其出席。

（2）供应商应当在响应文件提交截止时间前，将响应文件密封送达供应商须知前附表指定响应文件接收地点。

（3）在响应文件提交截止时间之后送达的响应文件，采购人将拒绝接收。

2. 评审小组

（1）采购人将组建评审小组，由评审小组按照比选文件中规定的程序和评审方法对供应商提交的响应文件进行评审；

（2）评审小组将按规定由 3 人或以上单数组成；

（3）评审小组成员有下列情形之一的，应当回避：

① 供应商主要负责人或供应商主要负责人的近亲属；

② 与供应商有经济利益关系或其他利害关系,可能影响公平公正评审的。

(4)评审小组成员应当按照客观、公正、审慎的原则,根据比选文件规定的评审程序、评审方法和评审标准进行独立评审。未实质性响应比选文件的响应文件按无效响应处理。

(5)在评审过程中,评审小组成员对需要共同认定的事项存在争议的,将按照少数服从多数的原则作出结论。持不同意见的评审小组成员应当在评审报告上签署不同意见及理由,否则视为同意评审结果。

3. 响应文件审查

评审小组在对响应文件的有效性、完整性和响应程度进行审查时,若发现响应文件的形式或供应商资格不符合采购文件的要求、响应文件未实质性响应采购文件的要求,或响应文件中有含义不明确、同类问题表述不一致或有明显文字和计算错误的内容,评审小组可以要求供应商在规定时间进行澄清、说明和补正。供应商澄清、说明和补正内容应由法定代表人(单位负责人)或其授权的代理人签字或加盖单位公章。澄清、说明和补正的内容作为响应文件的组成部分。

4. 供应商澄清

评审小组要求供应商澄清、说明或者更正响应文件将以书面形式作出。

5. 评审依据

(1)评审依据为比选文件和供应商的响应文件;

(2)评审小组应当根据评审情况推荐成交候选单位,并编写评审报告。

6. 成交公示

成交候选供应商选定后,采购人将按照供应商须知前附表规定的公示媒介和公示期限对成交候选供应商名单进行公示,公示内容详见供应商须知前附表。(采用公告方式公开邀请供应商适用)

7. 响应无效和终止比选活动条款

(1)响应无效条款

① 未按要求提交比选担保的;

② 未按照比选文件规定要求密封、签署、盖章的;

③ 供应商不具备比选文件中规定资格条件或未提供相应证明材料的;

④ 明显不符合项目需求的要求；

⑤ 响应文件附有采购人不能接受的条件；

⑥ 响应文件中有伪造证明材料或弄虚作假情形的；

⑦ 被评审专家组认定为相互串通的；

⑧ 不符合比选文件中规定的其他实质性要求的；

⑨ 其他法律法规及本比选文件规定的属响应无效的情形。

（2）终止比选采购活动的条款

出现下列情形之一的，采购人将终止比选采购活动，发布项目终止公告并说明原因，重新开展采购活动：

① 因情况变化，不再符合规定的比选采购方式适用情形的；

② 出现影响采购公正的违法、违规行为的。

8. 确定成交供应商

（1）采购人在评审结束后＿＿＿个工作日内，从评审报告提出的成交候选单位中确定成交单位并发出成交通知书。

（2）在发出成交通知书的同时，采购人将在供应商须知前附表规定的公告媒介发布成交结果公告，公告内容详见供应商须知前附表。

（六）授予合同

1. 采购人与成交单位应当在成交通知书发出之日起＿＿＿日内，按照比选文件确定的合同文本以及技术和服务要求等事项签订采购合同。

2. 成交单位拒绝签订采购合同的，采购人可以从评审报告提出的供应商排序中，按照排序由高到低的原则重新确定其他供应商作为成交单位并签订采购合同，也可以重新开展采购活动。拒绝签订采购合同的供应商不得参加对该项目重新开展的采购活动。

3. 比选文件、成交供应商的响应文件及比选过程中有关澄清、承诺文件均应作为合同附件。

（七）其他

1. 如评审专家一致认为所有响应文件均未能对比选文件作出实质性响应,可以否决所有的响应文件,采购人将宣布本次比选无效,并重新组织采购。

2. 合格供应商不足三家处理预案。响应文件提交截止时间后供应商提交响应文件不足三家的,或在评审期间出现符合资格条件的供应商或者对比选文件作实质性响应的供应商不足三家情形的,采购人可以宣布采购失败,或经采购人采购主管部门或单位(包括采购人内部主管采购的部门、采购人的上级单位或主管采购的其他机构)审批,进行两家评审(评审办法将采用原评审办法)或直接采购,资格性审查或符合性审查不合格的供应商不得参与评审或者直接采购。

3. 供应商应对其提供资料的真实性和有效性负责。

（八）异议

1. 供应商对比选采购活动事项有疑问的,可以向采购人提出询问。采购人将在三日内作出答复。

2. 供应商若认为比选文件、采购过程和成交结果使自己的权益受到损害,应当在下列时间内以书面形式向采购人提出:

（1）关于比选文件的异议,应在供应商须知前附表规定的时间前提出;

（2）关于采购过程的异议,应在采购程序环节结束之日起三日内提出;

（3）关于成交结果的异议,详见供应商须知前附表。

2. 异议应当包括下列内容:

（1）异议供应商的名称、地址及有效联系方式;

（2）异议事项;

（3）事实依据及相关证明材料;

（4）相关请求及主张。

3. 异议应当由异议供应商法定代表人或授权代表人签字并加盖公章,异议函由授权代表人签字的应附法定代表人授权书。

4. 采购人将在签收回执之日起三日内作出书面答复,并以书面形式通知与异议处理结果有关的供应商。

5. 供应商对采购人无正当理由拒绝受理异议的,可书面向采购人采购主管部门或单位(包括采购人内部主管采购的部门、采购人的上级单位或主管采购的其他机构)反映情况;供应商对采购人的答复不满意,或采购人未在规定的期限作出答复的,可在答复期满后十五日内,按相关规章的规定及程序提出投诉。

(九)解释权

本比选文件的最终解释权归采购人所有。

第三章　采购合同

第四章　响应文件格式

正本或副本

项目名称：_____ 第___包

响 应 文 件

供应商：_____（盖单位章）_____

_____年_____月_____日

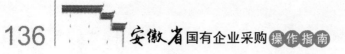
响应文件资料清单

序号	资料名称	页码范围
一	参选响应函	
二	供应商参选报价表	
三	分项价格表（货物 / 服务 / 工程）	
四	参选响应表（货物 / 服务），施工组织设计（工程）	
五	类似项目业绩表	
六	法定代表人（单位负责人）授权书	
七	法定代表人（单位负责人）身份证明	
八	生产厂商授权书（货物）	
九	相关授权或承诺书（货物）	
十	本地化服务情况一览表	
十一	无重大违法记录等情形声明函	
十二	联合体协议	
十三	拟投入本项目的人员情况（工程 / 服务）	
十四	供应商简介	
十五	有效的营业执照及相关资质证书	
十六	供货及实施方案（货物）/ 服务方案（服务）	
十七	资格条件和评审方法中规定需要提交的其他证明文件及承诺或供应商认为需要提供的其他资料	
十八	评审指标对应资料索引表	

一、参选响应函

致   （采购人名称）   ：

1. 根据贵方"____（项目名称）____"（ ___〈项目编号〉 ）的比选文件，经我方仔细研究，愿意以含税价人民币（大写）_____（¥_____）的报价（其中不含税价为：_____；增值税税额为：_____）完成/提供本项目工程/货物/服务，并按合同约定履行义务。

2. 我方的响应文件包括下列内容：

（1）参选响应函

（2）参选报价表

（3）分项报价表

（4）参选响应表/施工组织设计

（5）比选担保

（6）联合体协议书（如有）

……

响应文件的上述组成部分如存在内容不一致的，以响应函为准。

3. 我方承诺除参选响应表列出的偏离外，我方响应比选文件的全部要求。

4. 我方承诺在比选文件规定的响应文件有效期内不撤销响应文件。

5. 如我方成交，我方承诺：

（1）在收到成交通知书后，在成交通知规定的期限内与你方签订合同；

（2）在签订合同时不向你方提出附加条件；

（3）按照比选文件要求提交履约担保；

（4）在合同约定的期限内完成合同规定的全部义务。

6. 我方在此声明，所提交的响应文件及有关资料内容完整、真实和准确，且不存在比选文件中规定的供应商不得存在的情形。

7._____（其他补充说明）

8. 通信地址：_____

法定代表人（单位负责人）或其授权的代理人：_____（签字）

电 话：_____   传 真：_____

供应商公章_____   日 期：_____

二、供应商参选报价表

项目名称	
供应商全称	
响应范围	全部 / 第_____包
最终报价（人民币）	全部 大写：_____ 小写：_____
交货期 / 服务期 / 工期	
质保期	
备注	

供应商公章：

备注：

1. 本表内容根据比选文件要求包括了比选文件要求提供的全部内容的所有费用。

2. 表中最终报价即为优惠后报价，并作为评审依据。任何有选择或有条件的最终报价，或者表中某一包填写多个报价，均为无效报价。

3. 特殊事项在备注中注明。

三、分项价格表（货物）

序号	品名、品牌、规格、型号、材质、原产地及生产厂家	单位	数量	单价	小计	备注
1						
2						
3						
4						
5						
6						
7						
8						
9						
10						
11						
12						
13						
	其他费用					
	…					
	…					
	…					
	合计					

供应商公章：

备注：

1. 表中所列货物为对应本项目需求的全部货物。如有漏项或缺项，供应商承担全部责任。

2. 表中须明确列出参选产品的品名、品牌、规格、型号、材质、原产地及生产厂家，否则响应无效。

3. 本表中的价格均包含增值税。

三、分项报价表（服务）

单位：人民币元

序号	服务内容	数量	单价	小计金额
1				
2				
3				
……				
合计金额				

供应商公章：

备注：表中所列服务为对应本项目技术要求的全部服务内容。如有漏项或缺项，供应商承担全部责任。

三、分项报价表（工程）

（采购人根据国家、行业、地方发布的计价办法，以及施工图纸等设计文件、施工现场实际情况、项目报价要求等，编制适合项目的报价表。参考工程量清单报价书）

四、参选响应表（货物）

按比选文件规定填写			按供应商响应内容填写	
第一部分：技术部分响应				
序号	品名	技术规格及配置	品牌、型号、技术规格及配置、材质	偏离说明
1				
2				
3				
4				
第二部分：商务部分响应				
序号	内容	比选要求	响应承诺	偏离说明
1	供货及安装期限			
2	质保期			
3	付款方式			
4	业绩			
5	其他			

供应商公章：

备注：

1. 供应商必须逐项对应描述响应货物主要参数、材质、配置及服务要求，如不进行描述，仅在响应栏填"响应"或未填写或复制（包括全部复制或主要参数及配置的复制）比选文件技术参数的，包括有选择性的技术响应（例如在某一分项中出现两个及以上的响应产品品牌或两种及两种以上的技术规格），均可能导致响应文件无效。

2. 供应商响应产品如与比选文件要求的规格及配置不一致，则须在上表偏离说明中详细注明。

3. 响应部分可后附详细说明及技术资料，并应注明响应文件中对应的页码范围。

四、参选响应表（服务）

序号	项目	比选文件的商务条款	响应文件的商务条款	偏离说明 无偏离 正偏离 负偏离	备注
1	服务地点				
2	服务期限				
3	付款方式				
…	……				

序号	项目	比选文件的技术规格	响应文件的技术规格	偏离说明 无偏离 正偏离 负偏离	备注 （可填写偏离原因和依据）
1					
2					
3					
4					
…	……				

供应商公章：

备注：

1. 供应商根据项目实际填写，表中项目要求不涉及的可留空或自行调整。对合同条款的偏离也应在本表提出。如不填写视为响应比选文件所有商务条款。

2. 供应商应对照比选文件技术规格和要求，在"技术条款响应/偏离表"中逐条应答，表明拟供服务对采购人的技术规格和要求做出了实质性的响应。应答时应进行详细描述，如仅在响应栏填"响应"或未填写或复制（包括复制全部或部分技术要求）比选文件技术要求的，包括有选择性的技术响应均可能导致响应无效。

3. 供应商提供服务如与比选文件要求的不一致，则须在上表偏离说明中详细注明"无偏离""正偏离"或"负偏离"。如不填写视为响应比选文件所有技术条款。

四、施工组织设计(工程)

1. 供应商编制施工组织设计的要求:编制时应采用文字并结合图表形式说明施工方法;拟投入本项目的主要施工设备情况、拟配备本项目的试验和检测仪器设备情况、劳动力计划等;结合工程特点提出切实可行的工程质量、安全生产、文明施工、工程进度、技术组织措施,同时应对关键工序、复杂环节重点提出相应技术措施,如冬(雨)季施工技术、减少噪音、降低环境污染、地下管线及其他地上地下设施的保护加固措施等。

2. 施工组织设计除采用文字表述外可附下列图表,图表及格式要求附后。

附表一 拟投入本项目的主要施工设备表

附表二 拟配备本项目的试验和检测仪器设备表

附表三 劳动力计划表

附表四 计划开、竣工日期和施工进度网络图

附表五 施工总平面图

附表六 临时用地表

附表一:拟投入本标段的主要施工设备表

序号	设备名称	型号规格	数量	国别产地	制造年份	额定功率 (kW)	生产能力	用于施工部位	备注
……									

附表二:拟配备本标段的试验和检测仪器设备表

序号	仪器设备名称	型号规格	数量	国别产地	制造年份	已使用台时数	用途	备注
……								

附表三：劳动力计划表

工种	按工程施工阶段投入劳动力情况					
……						

附表四：计划开、竣工日期和施工进度网络图

1. 投标人应提交施工进度网络图或施工进度表，说明按招标文件要求的计划工期进行施工的各个关键日期。

2. 施工进度表可采用网络图（或横道图）表示。

附表五：施工总平面图

投标人应提交一份施工总平面图，绘出现场临时设施布置图表并附文字说明，说明临时设施、加工车间、现场办公、设备及仓储、供电、供水、卫生、生活、道路、消防等设施的情况和布置。

附表六：临时用地表

用途	面积（平方米）	位置	须用时间
……			

五、类似项目业绩表

项目名称：_____　　　项目编号：_____

序号	业主名称	等级	项目概况	合同金额	合同签订及完成时间	联系人	联系方式
1							
2							
3							
……							

供应商公章：

日　期：

备注：提供符合比选文件要求的供货业绩、用户清单，注明联系方式、联系人等，同时须附合同复印件或系统验收报告复印件。

六、法定代表人(单位负责人)授权书

本授权书声明:本人____(姓名)____系____(供应商名称)____的法定代表人(单位负责人),授权____(供应商授权代表姓名、职务)____代表本公司(工厂)参加____(项目名称)____采购活动(项目编号:_____),全权代表本公司(工厂)处理比选过程的一切事宜。委托事宜包括但不限于:提交响应文件,参与澄清、谈判、签约等。供应商授权代表在比选过程中所签署的一切文件和处理与之有关的一切事务,本公司均予以认可并对此承担责任。供应商授权代表无转委托权。特此授权。

本授权书自出具之日起生效。

特此声明。

法定代表人(单位负责人) 身份证明复制件	授权代表身份证明复制件

供应商公章:_____

法定代表人(单位负责人):_____(签字或盖章)_____

日　期:_____年_____月_____日

备注:

1. 本项目只允许有唯一的供应商授权代表,并提供身份证明复制件。

2. 法定代表人(单位负责人)参加比选采购活动的,无需授权书,须提供身份证明复制件。

七、法定代表人(单位负责人)身份证明

单位名称：＿＿＿＿＿＿＿＿＿＿＿＿＿＿＿＿＿＿

单位性质：＿＿＿＿＿＿＿＿＿＿＿＿＿＿＿＿＿＿

地　　址：＿＿＿＿＿＿＿＿＿＿＿＿＿＿＿＿＿＿

成立时间：＿＿＿年＿＿＿月＿＿＿日

经营期限：＿＿＿＿＿＿＿＿＿＿＿＿＿＿＿＿＿＿

姓　　名：＿＿＿＿＿＿＿＿＿＿　性　　别：＿＿＿＿＿＿＿＿＿

年　　龄：＿＿＿＿＿＿＿＿＿＿　职　　务：＿＿＿＿＿＿＿＿＿

系＿＿＿＿＿＿（供应商单位名称）＿＿＿＿＿＿的法定代表人(单位负责人)。

特此证明。

法定代表人(单位负责人)

身份证明复制件

供应商：＿＿＿＿＿＿＿(单位公章)＿＿＿＿＿＿

日　期：＿＿＿＿年＿＿＿月＿＿＿日

八、生产厂商授权书（货物）

（制造商参选的，不需提供此函，如允许签订合同时提供授权，或为自制产品，

或不允许代理商／销售商投标，不需此件）

致：＿＿＿＿（采购人单位名称）＿＿＿＿

＿＿＿＿（生产厂商名称）＿＿＿＿是根据＿＿＿＿＿＿＿＿依法正式成立的，主营业地点在＿＿＿（生产厂商地址）＿＿＿。＿＿＿（参选供应商名称）＿＿＿是我公司正式授权有权经营我司＿＿＿（产品名称）＿＿＿的商家，它有权提供 （项目名称）（项目编号：＿＿＿＿＿＿＿＿＿） 所需的由我公司生产或制造的货物。

我公司保证与供应商共同承担该项目的相关法律责任及义务。

贸易公司名称（如涉及进口产品）：＿＿＿＿＿＿＿＿＿＿＿＿＿＿＿

出具授权书的生产厂商名称：＿＿＿＿＿＿＿＿＿＿＿＿＿＿＿＿

授权人公章：＿＿＿＿＿＿＿＿＿＿＿＿＿＿＿＿＿＿＿

日　　期：＿＿＿＿＿＿＿＿＿＿＿＿＿＿＿＿＿＿＿

九、相关授权或承诺书（货物）

（供应商可自行制作格式）

比选文件中若要求提供产品的原厂授权、原厂售后服务承诺函、原厂技术服务承诺书及加盖原厂公章的相关证明材料，供应商须在响应文件中提供上述资料，如响应文件中未提供，供应商须在响应文件中作出书面承诺：如果我公司成交，我公司将在签订合同时向采购人提供上述资料，逾期未提供的，按自动放弃成交资格处理，由此产生的一切相关责任均由我公司承担。

供应商公章：＿＿＿＿＿＿＿＿＿

日　　期：＿＿＿＿＿＿＿＿＿

十、本地化服务情况一览表

（如比选文件未作本地化服务要求，不需此件）

供应商全称			
本地化服务形式	☐ 在本地具有固定的办公场所及人员 ☐ 在本地具有固定的合作伙伴 ☐ 在本地注册成立 ☐ 承诺成交即设立本地化服务机构 本地系指：_____（符合本项规定的，在相应位置进行勾选）		
以下本地注册的公司无须填写			
本地化服务地点 及联系方式		负责人及联系方式 （附身份证号码）	
服务人员名单及联系方式（附身份证号码）			
其他有关证明文件说明（如营业执照等，如有）：			
备注：具有合作伙伴的应填写合作伙伴的相关资料，并提供双方的合作协议以及合作伙伴的营业执照等证明文件。			

供应商公章：（盖章）

备注：供应商应根据供应商须知的要求填写本表，按照实际情况在"本地化服务形式"中勾选。

十一、无重大违法记录等情形声明函

本单位郑重声明，根据比选采购活动的规定，本单位无以下规定的被限制性情形：

（1）被市场监督管理机关在全国企业信用信息公示系统中列入严重违法失信企业名单（以国家企业信用信息公示系统 http://www.gsxt.gov.cn/index.html 查询结果为准）；

（2）被最高人民法院在"信用中国"网站（www.creditchina.gov.cn）或各级信用信息共享平台中列入失信被执行人名单；

（3）《供应商须知》规定的被限制参与采购活动情形。

组建联合体参选的，保证联合体各成员均无上述被限制性情形（如本项目接受联合体参选的话）。

我单位已就上述各被限制性情形，按照上述规定进行了查询及确认。我单位承诺：合同签订前，若我单位具有上述情形，贵方可取消我单位成交资格或者不授予合同，所有责任由我单位自行承担。同时，我单位愿意无条件接受监管部门的调查处理。

我单位对上述声明的真实性负责。如有虚假，将依法承担相应责任。

供应商（单位公章）：
法定代表人（单位负责人）或其委托代理人（签字）：

_____年_____月_____日

十二、联合体协议

（不允许联合体参选或未组成联合体参选，不需此件）

_____与_____就"_____"（项目编号：_____）的比选采购有关事宜，经各方充分协商一致，达成如下协议：

一、由_____牵头，_____参加，组成联合体共同进行本项目的参选工作。

二、_____为本次参选的牵头方，联合体以牵头方的名义参加采购活动。牵头方负责项目的一切组织、协调工作，并授权参选代理人以联合体的名义参加项目的采购活动，代理人在提交文件、澄清、评审、合同签订过程中所签署的一切文件和处理与本次采购活动的有关一切事物，联合体各方均予以承认并承担法律责任。联合体成交后，联合体各方共同或授权联合体牵头方与采购人签订合同，就本比选项目对采购人承担连带责任。

三、如联合体成交，则牵头方负责_____等工作；参加方负责_____等工作。联合体各方就本项目所有内容向采购人承担连带责任。

四、各方不得再以自己名义单独在本项目中参选，也不得组成新的联合体参加本项目采购活动。

五、未成交，本协议自动废止。

牵头方：（公章）　　　　　　参加方：（公章）

法定代表人：　　　　　　　　法定代表人：

地址：　　　　　　　　　　　地址：

邮编：　　　　　　　　　　　邮编：

电话：　　　　　　　　　　　电话：

签订日期：_____年_____月_____日

十三、拟投入本项目的人员情况（工程／服务）

（一）项目管理机构组成表

职务	姓名	职称	执业或职业资格证明					备注
			证书名称	级别	证号	专业	养老保险	
……								

（二）主要人员简历表

"主要人员简历表"中的项目负责人（项目经理）应附资质证书、身份证、职称证、学历证、养老保险复制件，管理过的项目业绩须附合同协议书复制件；技术负责人应附身份证、职称证、学历证、养老保险复制件，管理过的项目业绩须附证明其所任技术职务的企业文件或用户证明；其他主要人员应附职称证（执业证或上岗证书）、养老保险复制件。

姓名		年龄		学历	
职称		职务		拟在本合同任职	
毕业学校	____年毕业于_____学校_____专业				
主要工作经历					
时间	参加过的类似项目		担任职务	发包人及联系电话	
……					

十四、供应商简介

（格式自拟）

十五、有效的营业执照及相关资质证书复制件

十六、供货及实施方案（货物）/服务方案（服务）

（格式自拟）

十七、资格条件和评审方法中规定需要提交的其他证明文件及承诺或供应商认为需要提供的其他资料

（格式自拟）

十八、评审指标对应资料索引表

序号	比选文件"评审方法"评审对应指标	陈述、说明、方案及证明资料名称	响应文件对应页码范围
一	初步审查指标		
1			
2			
3			
……			
二	详审指标		
1			
2			
3			
……			

备注:供应商应根据比选文件评审方法的要求填写上述表格,并在响应文件中提供与初审指标和详审指标(可就某一指标分开列明)逐条相对应的陈述、说明、方案、证明资料及对应页码范围。

第五章　评审方法

（综合评分法）

综合评分法:评审小组根据比选文件的要求,对通过比选文件初审和详细审查的供应商的商务分、技术分进行综合评审后,选择能最大限度地满足比选文件规定的各项综合评价标准,以商务分和技术分之和由高到低的顺序,向采购人推荐一至三名有排序的合格的成交候选人,若出现总得分相同的情况,确定技术得分最高的供应商为成交人,若出现商务和技术得分均相同的情况,由评审小组投票决定成交人。(满分 100 分,计算过程和结果均保留 2 位小数,第 3 位四舍五入)

1. 初步审查

_____(项目名称)初审表

供应商:

初审指标

序号	指标名称	指标要求	是否通过	响应文件格式及提交资料要求
1	营业执照	合法有效		提供有效的营业执照和税务登记证的复制件,应完整地体现出营业执照和税务登记证的全部内容。已办理"三证合一"登记的,响应文件中提供营业执照复制件即可。联合体参选的,联合体各方均须提供
2	税务登记证	合法有效		
3	参选响应函	符合比选文件要求		响应文件格式一
4	法定代表人授权委托书	原件,符合比选文件要求		法定代表人(单位负责人)参加的无需此件,提供身份证明复印件即可
5	参选报价表	符合最高限价要求		响应文件格式二
6	比选担保	符合比选文件要求		
7	供应商资格条件要求	符合比选文件要求		提供资质证书复制件
8	业绩	符合比选文件要求		
9	本地化服务	符合比选文件要求		响应文件格式十

10	响应情况	付款方式、供货及安装期限响应／服务期／工期、质保期响应等		
11	技术参数	符合比选文件要求		
12	样品	符合比选文件要求		
13	其他要求	比选文件列明的其他要求：如联合体参选的供应商应提交各方共同签署的联合体协议等		

初审指标通过标准：
供应商必须通过上述全部指标

备注：
1. 如果有必要，评审小组可要求供应商在指定时间内提交补充或证明材料。补充、证明材料不全或未在指定时间内提交，响应无效。
2. 以上证明文件均须合法有效。如按照国家规定需要进行年审的证书，证书必须年审合格。

备注：评审中，评审小组发现供应商的响应文件中对同类问题表述不一致、前后矛盾、有明显文字和计算错误的内容、有可能不符合比选文件规定等情况需要澄清时，评审小组将以询问的方式告知并要求供应商以书面方式进行必要的澄清、说明或补正。对于询问后判定为不符合比选文件的响应文件，评审小组要提出充足的否定理由，并予以书面记录。最终对供应商的评审结论分为通过和未通过。

询问函格式如下：

询 问 函

项目名称：＿＿＿＿＿＿＿＿＿

项目编号：＿＿＿＿＿＿＿＿＿

询问内容	
供应商说明并签字	供应商： 授权委托人签字： 授权委托人身份证号： 日期：
评审结论	□通过。通过理由： □不通过。不通过的比选文件条款依据：
评审小组签字	

时间：　　年　　月　　日

2. 商务分(____分)（有效最低价为评审基准价)

2.1 计算参选报价得分前,由评审小组审查各参选报价是否有异常情况。

2.2 评审基准价:所有有效参选报价的最低价(有效参选报价系指通过初步审查响应文件的参选报价)。

2.3 价格得分计算:以经过初步评审确认的供应商的最终报价与评审基准价相比,与基准价相等的得____分,当供应商的有效参选报价高于评审基准价时,每高1%扣____分 (不足部分按四舍五入法计算),扣完为止。

2.4 各供应商应按拟开具的一般纳税人增值税专用发票金额报价,否则视为无效。

2. 商务分(____分)（有效报价平均价为评审基准价)

2.1 计算参选报价得分前,由评审小组审查各参选报价是否有异常情况。

2.2 评审基准价的确定:通过资格审查和响应文件初审及详细评审,并按照比选文件要求进行算术修正后的供应商参选报价的算术平均值作为评审基准价,经过评审小组评定响应无效的参选报价不参与评审基准价的计算。

2.3 以经过初步评审确认的供应商最终报价与评审基准价相比,与基准价相等的得____分,每偏离 +1%扣____分,每偏离 –1%扣____分,(不足部分按四舍五入计算)扣完为止,不计负分。

2.4 各供应商应按拟开具的一般纳税人增值税专用发票金额报价,否则视为无效。

3. 技术分(____分,取所有评审小组评分的平均值作为供应商最终技术得分)

类别	评分内容	评分标准	分值范围
技术分(分)			X–Y
			X–Y
			X–Y
			X–Y
			X–Y
资信分(分)			X–Y
			X–Y
			X–Y
			X–Y
			X–Y

4. 评审纪律

4.1 评审小组在评审过程中发现的问题,应当区别情形及时作出处理或者向采购人提出处理建议,并作书面记录。

4.2 在评审过程中,评审小组发现供应商的报价或者某些分项报价明显不合理或者低于成本,有可能影响商品质量或不能诚信履约的,评审小组将以询问的方式告知并要求供应商以书面方式进行必要的说明或补正。对于询问后判定为不符合比选文件的报价,评审小组应提出充足的否定理由,并予以书面记录。最终对供应商的评审结论分为通过和未通过。

4.3 评审后,评审小组应编写评审报告并签字。评审报告是评审小组根据全体评审小组成员签字的原始评审记录和评审结果编写的报告,评审小组全体成员及监督员均须在评审报告上签字。评审报告应如实记录本次评审的主要过程,全面反映评审过程中的各种不同的意见,以及其他澄清、说明、补正事项。

4.4 评审小组成员应当在评审报告上签字,对自己的评审意见承担法律责任。对评审报告有异议的,应当在评审报告上签署不同意见,并说明理由,否则视为同意评审报告。

4.5 评审小组和工作人员应严格遵守规章制度;严格按照本次比选文件进行评审;公正廉洁、不徇私情,不得损害国家利益;保护采购人、供应商的合法权益。

4.6 在评审过程中,评审小组及其他工作人员必须对评审情况严格保密,任何人不得将评审情况透露给与供应商有关的单位和个人。如有违反评审纪律的情况发生,将依据相关规定,追究有关当事人的责任。

第五章　评审方法

（最低价评审法）

一、总　则

第一条　为了做好_____（项目名称）采购_____（项目编号：_____）的比选评审工作，保证项目评审工作的正常有序进行，维护采购人、供应商的合法权益，依据相关法律法规，本着公开、公平、公正的原则，制定评审办法。

第二条　本次项目评审采用最低价评审法作为对供应商响应文件的比较方法。

第三条　本项目将组建不少于____人组成的评审小组，负责本项目的评审工作。

第四条　评审小组按照"客观公正，实事求是"的原则，评价参加本次比选的供应商所提供的产品价格、性能、质量、服务及对比选文件的符合性及响应性。

二、评审程序及评审细则

第五条　评审小组应认真研究比选文件，至少应了解和熟悉以下内容：

（一）采购的目标；

（二）比选项目的范围和性质；

（三）比选文件中规定的主要技术要求、标准和商务条款；

（四）比选文件规定的评审标准、评审方法和在评审过程中考虑的相关因素。

第六条　有效响应文件应符合以下原则：

（一）满足比选文件的实质性要求；

（二）无重大偏离、保留或采购人不能接受的附加条件；

（三）通过响应有效性评审；

（四）评审小组依据比选文件认定的其他原则。

第七条　评审小组从报价最低的响应文件开始独立评审，按通过响应有效性评审的报价从低到高的顺序依次选出成交候选人。评审小组无须对所有响应文件进行评审。

第八条　评审中，评审小组发现供应商的响应文件中对同类问题表述不一致、前后矛盾、有明显文字和计算错误的内容、有可能不符合比选文件规定等情况需要澄清时，评审小组将以询问的方式告知并要求供应商以书面方式进行必要的澄清、说明或补正。对于询问后判定为不符合比选文件的响应文件，评审小组要提出充足的否定理由，并予以书面记录。最终对供应商的评审结论分为通过和未通过。

询问函格式如下：

询 问 函

项目名称：_____

项目编号：_____

询问内容	
供应商说明并签字	供应商： 授权委托人签字： 授权委托人身份证号： 日期：
评审结论	□通过。通过理由： □不通过。不通过的比选文件条款依据：
评审小组签字	

时间：　　年　　月　　日

第九条 评审小组按下表内容进行响应有效性评审，响应有效性评审分为初审和详审。

	_____（项目名称）_____	评审表

供应商：

一、初审指标

序号	指标名称	指标要求	是否通过	响应文件格式及提交资料要求
1	营业执照	合法有效		提供有效的营业执照和税务登记证的复印件或影印件，应完整地体现出营业执照和税务登记证的全部内容。已办理"三证合一"登记的，响应文件中提供营业执照复印件或影印件即可。联合体参选的，联合体各方均须提供
2	税务登记证	合法有效		
3	参选响应函	符合比选文件要求		响应文件格式一
4	法定代表人授权委托书	原件，符合比选文件要求		法定代表人参加的无需此件，提供身份证明复印件即可
5	比选担保	符合比选文件要求		
6	参选报价表	符合最高限价要求		比选文件格式二
7	供应商资格条件要求	符合比选文件要求		提供资质证书复印件或影印件
8	业绩	符合比选文件要求		
9	本地化服务	符合比选文件要求		响应文件格式十
10	响应情况	付款方式、供货及安装期限响应/服务期/工期、质保期响应等		
11	样品	符合比选文件要求		
12	其他要求	比选文件列明的其他要求：如资质要求、联合体参选的供应商应提交各方共同签署的联合体协议等		

初审指标通过标准：
供应商必须通过上述全部指标

二、详审指标（一般货物选用）

序号	指标名称	指标要求	是否通过	不通过的理由及原因
1				
2				
3				
4				

评审指标通过标准：
供应商必须同时满足以下两条要求：
1. 评审指标中第_____、_____、_____、_____项必须通过；
2. 评审指标中必须有_____项及以上通过。

评审小组签字：
评审时间：

备注：
1. 如果有必要，评审小组可要求供应商在指定时间内提交补充或证明材料。补充、证明材料不全或未在指定时间内提交，响应无效。
2. 以上证明文件均须合法有效。如按照国家规定需要进行年审的证书，证书必须年审合格。

第十条　评审小组独立评审后，评审小组对供应商某项指标如有不同意见，按照少数服从多数的原则，确定该项指标是否通过。符合初审指标及评审指标通过标准的，为有效响应。

第十一条　如果通过响应有效性评审的参选报价出现两家或两家以上相同者，则按照技术指标优劣排出成交候选供应商顺序。

第十二条　评审小组在评审过程中发现的问题，应当区别情形及时作出处理或者向采购人提出处理建议，并作书面记录。

第十三条　在评审过程中，评审小组发现供应商的报价或者某些分项报价明显不合理或者低于成本，有可能影响商品质量或不能诚信履约的，评审小组将以询问的方式告知并要求供应商以书面方式进行必要的说明或补正。对于询问后判定为不符合比选文件的报价，评审小组应提出充足的否定理由，并予以书面记录。最终对供应商的评审结论分为通过和未通过。

第十四条　评审后，评审小组应编写评审报告并签字。评审报告是评审小组根据全体评审小组成员签字的原始评审记录和评审结果编写的报告，评审小组全体成员及监督员均须在评审报告上签字。评审报告应如实记录本次评审的主要过程，全面反映评审过程中的各种不同的意见，以及其他澄清、说明、补正事项。

第十五条　评审小组成员应当在评审报告上签字，对自己的评审意见承担法律责任。对评审报告有异议的，应当在评审报告上签署不同意见，并说明理由，否则视为同意评审报告。

三、评审纪律

第十六条　评审小组和工作人员应严格遵守规章制度；严格按照本次比选文件进行评审；公正廉洁、不徇私情，不得损害国家利益；保护采购人、供应商的合法权益。

第十七条　在评审过程中，评审小组及其他工作人员必须对评审情况严格保密，任何人不得将评审情况透露给与供应商有关的单位和个人。如有违反评审纪律的情况发生，将依据相关规定，追究有关当事人的责任。

第六章　采购需求

采购需求编制要求:

1. 工程项目应提供图纸、技术标准和要求、工程量清单。

2. 货物项目应尽可能清晰、准确地提出对货物的需求,并对所要求提供的货物名称、规格、数量、单位,以及交货时间、交货地点、技术性能指标、检验考核要求、技术服务和售后服务要求、是否要求或允许对主要材料和关键部件进行外购等作出说明。

3. 服务项目应明确服务采购需求和服务工作开展条件、服务成果(成果文件、周期、质量、配合技术服务等)要求等内容。

◎竞价文件示范文本

_____采购项目

（项目编号：_____）

竞 价 文 件

采购人（或采购代理机构）：_____（单位公章）_____

_____年_____月_____日

目　录

第一章　竞价公告

（适用于公告邀请供应商方式）

　　＿＿＿＿＿（项目名称）＿＿＿＿＿已具备采购条件，现公开邀请具备条件的供应商参加竞价采购活动。

1. 采购项目简介

　　1.1 采购项目名称：＿＿＿＿＿＿＿＿＿＿＿＿＿＿＿＿＿＿＿

　　1.2 采购项目编号：＿＿＿＿＿＿＿＿＿＿＿＿＿＿＿＿＿＿＿

　　1.3 采购人：＿＿＿＿＿＿＿＿＿＿＿＿＿＿＿＿＿＿＿＿＿＿

　　1.4 采购代理机构（如有）：＿＿＿＿＿＿＿＿＿＿＿＿＿＿＿＿

　　1.5 资金落实情况：＿＿＿＿＿＿＿＿＿＿＿＿＿＿＿＿＿＿＿＿

　　1.6 项目概况：＿＿＿＿＿＿＿＿＿＿＿＿＿＿＿＿＿＿＿＿＿＿

　　1.7 成交供应商数量：□一家　　　　□＿＿＿＿＿家

2. 采购范围及相关要求（工程）

　　2.1 采购范围：＿＿＿＿＿＿＿＿＿＿＿＿＿＿＿＿＿＿＿＿＿＿

　　2.2 计划工期：＿＿＿＿＿＿＿＿（计划开工日期＿＿＿＿＿＿，具体以开工令为准）

　　2.3 建设地点：＿＿＿＿＿＿＿＿＿＿＿＿＿＿＿＿＿＿＿＿＿＿

　　2.4 工程质量：＿＿＿＿＿＿＿＿＿＿＿＿＿＿＿＿＿＿＿＿＿＿

2. 采购范围及相关要求（货物）

　　2.1 采购范围：＿＿＿＿＿＿＿＿＿＿＿＿＿＿＿＿＿＿＿＿＿＿

　　2.2 交货期：＿＿＿＿＿＿＿＿＿＿＿＿＿＿＿＿＿＿＿＿＿＿＿

　　2.3 质保期：＿＿＿＿＿＿＿＿＿＿＿＿＿＿＿＿＿＿＿＿＿＿＿

　　2.4 货物质量标准：＿＿＿＿＿＿＿＿＿＿＿＿＿＿＿＿＿＿＿＿

2. 采购范围及相关要求（服务）

　　2.1 采购范围：＿＿＿＿＿＿＿＿＿＿＿＿＿＿＿＿＿＿＿＿＿＿

　　2.2 服务期限：＿＿＿＿＿＿＿＿＿＿＿＿＿＿＿＿＿＿＿＿＿＿

　　2.3 服务地点：＿＿＿＿＿＿＿＿＿＿＿＿＿＿＿＿＿＿＿＿＿＿

　　2.4 质量要求或服务标准：＿＿＿＿＿＿＿＿＿＿＿＿＿＿＿＿＿

3. 供应商资格条件

　　3.1 资质要求：＿＿＿＿＿＿＿＿＿＿＿＿＿＿＿＿＿＿＿＿＿＿

　　3.2 财务要求：＿＿＿＿＿＿＿＿＿＿＿＿＿＿＿＿＿＿＿＿＿＿

3.3 业绩要求：＿＿＿＿＿＿＿＿＿＿＿＿＿＿＿＿＿＿＿＿＿

3.4 信誉要求：＿＿＿＿＿＿＿＿＿＿＿＿＿＿＿＿＿＿＿＿＿

3.5 主要人员要求：＿＿＿＿＿＿＿＿＿＿＿＿＿＿＿＿＿＿＿

3.6 其他要求：＿＿＿＿＿＿＿＿＿＿＿＿＿＿＿＿＿＿＿＿＿

3.7 本项目＿＿（接受或不接受）＿＿联合体。

组成联合体的，应满足下列要求：＿＿＿＿＿＿＿＿＿＿＿

4. 竞价文件的获取

4.1 获取时间：＿＿＿＿＿＿＿＿＿＿＿＿＿＿＿＿＿＿＿＿

4.2 竞价文件售价：＿＿＿＿＿＿＿＿＿＿＿＿＿＿＿＿＿＿

4.3 获取方式：＿＿＿＿＿＿＿＿＿＿＿＿＿＿＿＿＿＿＿＿

5. 竞价时间及竞价规则

5.1 竞价开始时间：＿＿＿年＿＿＿月＿＿＿日＿＿＿时＿＿＿分

5.2 竞价截止时间：＿＿＿年＿＿＿月＿＿＿日＿＿＿时＿＿＿分

5.3 报价方式：　□含税价　　□不含税价

5.4 初始价：＿＿＿＿＿＿＿＿＿＿＿＿＿＿＿＿＿＿＿＿＿

5.5 报价有效期：＿＿＿＿＿＿＿＿＿＿＿＿＿＿＿＿＿＿＿

5.6 报价规则或要求：＿＿＿＿＿＿＿＿＿＿＿＿＿＿＿＿＿

6. 发布公告的媒介

本次竞价公告在＿＿＿＿（发布公告的媒介名称）＿＿＿＿上发布

7. 联系方式

采购人：＿＿＿＿＿＿＿＿＿＿＿＿＿＿＿＿＿＿＿＿＿＿＿

地址：＿＿＿＿＿＿＿＿＿＿＿＿＿＿＿＿＿＿＿＿＿＿＿＿

联系人：＿＿＿＿＿＿＿＿＿＿＿＿＿＿＿＿＿＿＿＿＿＿＿

联系电话：＿＿＿＿＿＿＿＿＿＿＿＿＿＿＿＿＿＿＿＿＿＿

电子邮箱：＿＿＿＿＿＿＿＿＿＿＿＿＿＿＿＿＿＿＿＿＿＿

采购代理机构（如有）：＿＿＿＿＿＿＿＿＿＿＿＿＿＿＿＿

地址：＿＿＿＿＿＿＿＿＿＿＿　　联系人：＿＿＿＿＿＿＿＿

联系电话：＿＿＿＿＿＿＿＿＿＿　　电子邮箱：＿＿＿＿＿＿

第一章　竞价邀请书

（适用于直接邀请供应商方式）

_____（被邀请单位名称）：_____

_____（项目名称）_____ 已具备采购条件，现邀请贵单位参加本项目的竞价采购活动。

1. 采购项目简介

1.1 采购项目名称：_____

1.2 采购项目编号：_____

1.3 采购人：_____

1.4 采购代理机构（如有）：_____

1.5 资金落实情况：_____

1.6 项目概况：_____

1.7 成交供应商数量：□一家　　□_____家

2. 采购范围及相关要求（工程）

2.1 采购范围：_____

2.2 计划工期：_____（计划开工日期_____，具体以开工令为准）

2.3 建设地点：_____

2.4 工程质量：_____

2. 采购范围及相关要求（货物）

2.1 采购范围：_____

2.2 交货期：_____

2.3 质保期：_____

2.4 货物质量标准：_____

2. 采购范围及相关要求（服务）

2.1 采购范围：_____

2.2 服务期限：_____

2.3 服务地点：_____

2.4 质量要求或服务标准：_____

3. 供应商资格条件

3.1 资质要求：_____

3.2 财务要求：_____

3.3 业绩要求：_____

3.4 信誉要求：_____

3.5 主要人员要求：_____

3.6 其他要求：_____

3.7 本项目（接受或不接受）联合体。

组成联合体的，应满足下列要求：_____

4. 竞价文件的获取

4.1 获取时间：_____

4.2 竞价文件售价：_____

4.3 获取方式：_____

5. 竞价时间及竞价规则

5.1 竞价开始时间：_____年_____月_____日_____时_____分

5.2 竞价截止时间：_____年_____月_____日_____时_____分

5.3 报价方式：　□含税价　　□不含税价

5.4 初始价：_____

5.5 报价有效期：_____

5.6 报价规则或要求：_____

6. 联系方式

采购人：_____

地址：_____

联系人：_____

联系电话：_____

电子邮箱：_____

采购代理机构（如有）：_____

地址：_____

联系人：_____

联系电话：_____

电子邮箱：_____

附件：确认通知

确认通知

_____（采购人名称）_____：

　　我方已于_____年_____月_____日收到你方_____年_____月_____日发出的___（项目名称）___采购项目的竞价邀请书，并确认___（参加／不参加）___此次竞价___采购活动。

　　特此确认。

被邀请单位名称：_____（单位公章）_____

_____年_____月_____日

第二章　供应商须知

一、供应商须知前附表

序号	条款名称	内　容
01	踏勘现场（如有）	□本项目无须踏勘现场 □组织集中踏勘现场 □供应商自行踏勘现场 踏勘时间：＿＿＿＿＿＿＿＿＿＿ 踏勘集中地点：＿＿＿＿＿＿＿＿ 踏勘联系人及联系电话：＿＿＿＿ 备注：如供应商未按本文件要求，参加采购人统一组织的集中踏勘或未进行自行踏勘现场，视同放弃踏勘，由此引起的一切责任由供应商自行承担
02	分包（工程或服务）	不得分包的内容：＿＿＿＿＿＿＿＿ 对分包的要求：＿＿＿＿＿＿＿＿＿
03	构成竞价文件的其他资料	资料名称：＿＿＿＿＿＿＿＿＿＿＿
04	（货物） 交货期 交货地点 （服务） 服务期 服务地点 （工程） 工期 建设地点	交货期：＿＿＿＿＿＿＿＿＿＿＿＿ 交货地点：＿＿＿＿＿＿＿＿＿＿ 服务期：＿＿＿＿＿＿＿＿＿＿＿＿ 服务地点：＿＿＿＿＿＿＿＿＿＿ 工期：＿＿＿＿＿＿＿＿＿＿＿＿＿ 建设地点：＿＿＿＿＿＿＿＿＿＿
05	付款方式	付款方式：＿＿＿＿＿＿＿＿＿＿＿
06	质保期	质保期：＿＿＿＿＿＿＿＿＿＿＿＿
07	竞价文件澄清和竞价文件异议	采购人将于＿＿＿年＿＿＿月＿＿＿日＿＿＿时前接受竞价文件答疑与异议，逾期不予受理。采购人对竞价文件进行的答疑、澄清、变更或补充，将会及时发布，该内容为竞价文件的组成部分，对供应商具有同样约束力。供应商应主动查询。采购人不承担供应商未及时关注相关信息引发的相关责任
08	报价有效期	有效期：＿＿＿＿＿＿＿＿＿＿＿＿
09	最高限价或其计算方法	□无 □有，最高限价或其计算方法：＿＿＿
10	报价的其他要求	
11	竞价担保	□无 □有，担保金额：＿＿＿＿＿＿＿ 担保形式：＿＿＿＿＿＿＿＿＿＿

序号	条款名称	内　容
12	资质要求证明材料	□不适用 □适用。供应商应提供相关资质证书的复印件或影印件，以证明具有承担本项目要求的资质 资质证书包括：_____ （注：此处应填写资质证书的名称、等级、专业、颁发机构等内容）
13	财务要求证明材料	□不适用 □适用。供应商应提供近年财务会计报表复印件或影印件，包括资产负债表、利润表。近年财务会计报表年份是指：_____年至_____年（供应商的成立时间少于该规定年份的，应提供成立以来的财务会计报表）
14	业绩要求证明材料	□不适用 □适用。供应商应提供近年的类似项目业绩表，以证明具有承担本项目要求的业绩。近年是指：_____年至_____年 业绩证明材料须提供： □合同／订单 □中标通知书／成交通知书 □竣工验收报告／验收证明 □业绩中业主方开具的证明 □其他材料：_____
15	信誉要求证明材料	□不适用 □适用。供应商应提供相关信誉情况的证明材料，包括：_____
16	承担本项目主要人员要求证明材料	□不适用 □适用。供应商应提供拟委任的主要人员汇总表和主要人员简历表。供应商应填报满足"竞价公告／竞价邀请书"规定的项目负责人和其他主要人员的相关信息，并按如下要求提供相关证明文件： （注：一般工程和服务项目可以有本项要求，采购人可在此处明确对有关人员职称证书、执业证书、社保缴费证明及业绩证明等具体要求）
17	其他要求证明材料	
18	本地化服务	本项目是否要求本地化服务能力： □不要求 □要求，_____

续表

序号	条款名称	内　容
19	履约担保	□无履约担保 □有履约担保 1. 履约担保的形式：_____ 2. 履约担保的提交时间：_____ 3. 履约担保的金额：_____ 4. 履约担保的退还时间：_____
20	确定成交供应商的方法	_____
21	成交候选供应商公示	公示媒介：_____ 公示期限：_____ 其他应公示的内容：_____
22	成交结果公示	公示媒介：_____ 其他应公示的内容：_____
23	成交结果异议提出时间	□成交候选供应商公示期间内提出 □成交结果公示（通知）3 日内提出
24	异议渠道	联系人：_____ 联系方式：_____ 地址：_____ 其他：_____
25	备注	

供应商须知

注:如供应商须知前附表与本部分对同一内容的规定不一致,以供应商须知前附表的规定为准。

(一)采购方式及定义

1. 本次采购采用竞价方式,本竞价文件仅适用于本□竞价公告 / □竞价邀请书中所述项目。

2. 合格的供应商

(1)满足本项目供应商的资格条件的规定;

(2)满足本项目实质性条款的规定。

3. 费用承担

供应商应自行承担所有与参加采购项目有关的费用,无论比选过程中的做法和结果如何,采购人在任何情况下均无义务和责任承担这些费用。

(二)竞价文件

1. 竞价文件构成

竞价文件由以下部分组成:

(1)竞价公告 / 竞价邀请书

(2)供应商须知

(3)采购合同

(4)采购需求

(5)资格申请文件格式

2. 竞价文件的澄清及修改

(1)任何要求对竞价文件进行澄清的供应商,均应按供应商须知前附表中的时间及联系方式,以书面形式通知采购人。竞价开始之前,采购人可以对已发出的竞价文件进行必要的澄清或者修改,澄清或者修改的内容作为竞价文件的组成部分。

(2)除非必要,采购人有权拒绝回复供应商在供应商须知前附表中规定的时间后提出的任何澄清要求。

（三）供应商平台注册和操作培训

1. 供应商平台注册

（1）供应商须在电子竞价平台进行注册，供应商应仔细阅读电子竞价平台操作指南，如须签署相关协议的，须在注册时签署相关协议；

（2）供应商应按照电子竞价平台要求如实填写相关信息，并经平台审核通过后，成为电子竞价平台交易用户。

2. 电子竞价平台操作与培训

（1）电子竞价平台为供应商提供电子竞价平台操作培训和辅导服务；

（2）电子竞价应预留服务热线和网络在线咨询功能，供应商在操作过程中遇到相关问题时，可拨打平台服务热线电话或网络在线咨询电子竞价平台服务人员。

（四）供应商资格申请和资格审查

1. 资格申请

供应商应当在规定的时间前通过电子竞价平台资格申请，并按照要求在线填写相关信息，提供相关材料。

2. 资格审查

（1）竞价公告／竞价邀请书对供应商提出资格要求的，供应商应当按规定提供资格申请资料。采购人负责组织对供应商的竞价资格进行审查。对资格要求复杂、审查难度大的采购项目，采购人可聘请专家组建评审小组进行资格审查。

（2）资格审查主要对资格申请资料的响应性进行审查，判断资格申请资料的形式是否符合要求、供应商是否符合资格条件、资格申请资料是否实质性响应竞价要求等。

（3）资格申请资料未实质性响应采购文件要求的，或资格申请资料中有含义不明确、同类问题表述不一致或有明显文字错误的内容，供应商在资格申请截止时间前均可进行澄清、说明和补正。补充内容作为资格申请资料的组成部分。

（4）只有实质性响应采购文件要求的供应商才可通过资格审查。经供应商澄清、说明和补正后仍未通过资格审查的，采购人将通过电子竞价平台告知有关供应商未通过资格审查。

3. 资格申请资料的组成

资格申请资料应包括下列内容：

（1）竞价响应函

（2）资格证明资料（如有）

（3）响应方案（如有）

（4）其他资料（如有）

4. 资格证明材料

供应商应按照竞价公告/竞价邀请书中的"供应商资格要求"提供资格证明材料，以证明其满足采购人对供应商的各项资格要求。

（五）供应商报价

1. 报价要求

（1）供应商根据竞价文件中的"竞价时间及竞价规则"要求报含税价或不含税价。供应商报价时，应当列明增值税率。采购人最终将按照含税价格与供应商签约。

（2）供应商应充分了解采购项目的总体情况以及影响报价的其他要素。对于货物和服务采购项目，采购人在签署采购合同时及合同履行过程中，有权对采购标的的数量进行增加或减少。

2. 报价有效期

（1）除竞价文件另有规定外，供应商的报价有效期应为30日，从竞价文件规定的竞价开始时间计算。

（2）出现特殊情况需要延长竞价报价有效期时，采购人以书面形式通知所有供应商延长报价有效期，供应商应予以书面答复。同意延长的，应相应延长竞价担保的有效期，但不得修改其报价；供应商拒绝延长的，其报价失败，供应商有权要求退还其竞价担保。

（3）除供应商对错处做必要修改外，响应文件不得行间插字、涂改或增删。如有修改错漏处，必须由响应文件签署人签字或盖章。

3. 竞价担保

（1）竞价文件中规定提交竞价担保的，供应商在竞价活动开始前，应按规定提交竞价担保。供应商不按要求提交竞价担保的,将不得参与竞价活动。

(2)除竞价文件另有规定外,采购人在发出成交通知书后5日内向除成交候选供应商外的其他供应商退还竞价担保。在采购合同签订后5日内退还成交供应商及其他成交候选供应商的竞价担保。

4. 有下列情形之一的,竞价担保将不予退还

(1)供应商在报价有效期内撤销报价的;

(2)成交供应商在收到成交通知书后,无正当理由不与采购人订立采购合同,在签订采购合同时向采购人提出附加条件,或者不按照竞价文件要求提交履约担保的;

(3)竞价文件中规定的其他不予退还竞价担保的情形。

5. 供应商数量不足三家的情形

参加电子竞价的供应商数量不足三家,采购人应当核实竞价文件和组织实施程序是否存在影响公平竞争的实质性缺陷。根据不同的情形和原因,决定继续或终止竞价程序。当供应商仅为一家时,采购人可参照直接采购方式与供应商进行价格谈判后确定成交供应商。

(六)平台排名

1. 排名方式

供应商报价结束后,电子竞价平台自动计算各供应商排名,并按照价格由低到高排序。

2. 推荐成交候选供应商

电子竞价平台根据报价情况推荐成交候选供应商。

3. 成交公示

成交候选供应商选定后,采购人将按照供应商须知前附表规定的公示媒介和公示期限对成交候选供应商名单进行公示,公示内容详见供应商须知前附表。(采用公告方式公开邀请供应商适用)

（七）合同授予

1. 成交候选供应商履约能力和价格核查

采购人可对成交候选供应商的相关证明材料原件进行核验或组织现场考察,以确认成交候选供应商的生产经营、财务等实际状况与资格申请资料是否一致及是否存在其他可能影响供应商履约能力的情况。采购人发现供应商的报价为异常低价,有可能影响合同履行的,可要求成交候选供应商作澄清或说明,并提供必要的证明材料。必要时,采购人可聘请专家对价格进行核查。履约能力和价格核查的结果将作为采购人选择确定成交供应商的依据之一。

2. 确定成交供应商

采购人应当确定排名第一的成交候选供应商为成交供应商。若排名第一的成交候选供应商未通过履约能力和价格核查,采购人应按电子竞价平台推荐的名单排序依次确定其他成交候选供应商为成交供应商。所有成交候选供应商均未通过履约能力和价格核查的,采购人将终止竞价采购活动。

3. 成交通知

（1）成交供应商确定后,采购人将以书面形式向成交供应商发出成交通知书。成交通知书对采购人和成交供应商具有同等法律效力。

（2）在发出成交通知书的同时,采购人将在供应商须知前附表规定的公告媒介发布成交结果公告,公告内容详见供应商须知前附表。

（3）成交通知书是合同文件的组成部分。

（4）成交供应商在收到成交通知书后,应按照供应商须知前附表的规定,向采购人提交履约担保,没有提交履约担保的,视为放弃成交,其竞价担保不予退还。

4. 签订合同

采购人和成交供应商应当在成交通知书规定的期限内,根据竞价文件和成交供应商的报价、资格申请资料等订立书面合同。成交供应商无正当理由拒签合同、在签订合同时向采购人提出附加条件,或者不按照竞价文件要交提交履约担保的,采购人有权取消其成交资格,竞价保证金不予退还;给采购人造成的损失超过竞价担保数额的,成交供应商还应当对超出部分予以赔偿。

（八）异议

1. 供应商对竞价采购活动事项有疑问的，可以向采购人提出询问。采购人将在三日内作出答复。

2. 供应商若认为竞价文件、采购过程和成交结果使自己的权益受到损害，应当在下列时间内以书面形式向采购人提出：

（1）关于竞价文件的异议，应在供应商须知前附表规定的时间前提出；

（2）关于采购过程的异议，应在采购程序环节结束之日起三日内提出；

（3）关于成交结果的异议，详见供应商须知前附表。

3. 异议应当包括下列内容：

（1）异议供应商的名称、地址及有效联系方式；

（2）异议事项；

（3）事实依据及相关证明材料；

（4）相关请求及主张。

4. 异议函应当由异议供应商法定代表人或授权代表人签字并加盖公章，异议函由授权代表人签字的应附法定代表人授权书。

5. 采购人将在签收回执之日起三日内作出书面答复，并以书面形式通知与异议处理结果有关的供应商。

6. 供应商对采购人无正当理由拒绝受理异议的，可书面向采购人采购主管部门或单位（包括采购人内部主管采购的部门、采购人的上级单位或主管采购的其他机构）反映情况；供应商对采购人的答复不满意，或采购人未在规定的期限作出答复的，可在答复期满后十五日内，按相关规章的规定及程序提出投诉。

（九）解释权

本竞价文件的最终解释权归采购人所有。

第三章　采购合同

第四章　资格申请资料格式

项目名称：＿＿＿＿＿＿＿＿＿＿＿第＿＿＿包

资格申请资料

供应商：＿＿＿＿＿（单位公章）＿＿＿

＿＿＿年＿＿＿月＿＿＿日

目　录

一、竞价函

致＿＿＿＿（采购人名称）＿＿＿＿：

1. 根据贵方"＿＿（项目名称）＿＿"（＿＿〈项目编号〉＿＿）的竞价采购文件,经我方仔细研究,愿意以含税价人民币(大写)＿＿＿＿＿＿＿＿(￥＿＿＿＿)的报价(其中不含税价为:＿＿＿＿＿＿＿;增值税税额为:＿＿＿＿＿＿＿)完成/提供本项目工程/货物/服务,并按合同约定履行义务。

2. 我方的资格申请资料包括下列内容:

(1)竞价函

(2)授权委托书(如有)

(3)资格证明材料

(4)响应方案(如有)

……

3. 我方承诺在竞价采购文件规定的报价有效期内不撤销报价。

4. 如我方成交,我方承诺:

(1)我方完全响应采购人要求,不存在任何偏离;

(2)在收到成交通知书后,在成交通知书规定的期限内与你方签订合同,并响应你方合同条款;

(3)在签订合同时不向你方提出附加条件;

(4)按照竞价文件要求提交履约担保;

(5)在合同约定的期限内完成合同规定的全部义务。

5. 我方在此声明,所提交的资格申请资料内容完整、真实和准确,且不存在竞价文件中规定的供应商不得存在的情形。

6.＿＿＿＿＿＿＿＿＿＿＿（其他补充说明）＿＿＿＿＿

7. 通信地址:＿＿＿＿＿＿＿＿＿＿＿＿＿＿＿＿＿＿＿＿＿

法定代表人(单位负责人)或其授权的代理人:＿＿＿(签字)＿＿＿

电　话:＿＿＿＿＿＿＿＿＿＿　传　真:＿＿＿＿＿＿＿＿＿＿

投标人公章＿＿＿＿＿＿＿＿＿＿　日　期:＿＿＿＿＿＿＿＿＿＿

二、授权委托书

（适用于有委托代理人的情况）

本授权书声明：本人_____（姓名）系_____（供应商名称）的法定代表人（单位负责人），授权_____（供应商授权代表姓名、职务）代表本公司（工厂）参加_____（项目名称）采购活动（项目编号：_____），全权代表本公司（工厂）处理竞价采购过程的一切事宜。委托事宜包括但不限于：提交资格申请资料、澄清确认、谈判、签约等。供应商授权代表在竞价过程中所签署的一切文件和处理与之有关的一切事务，本公司均予以认可并对此承担责任。供应商授权代表无转委托权。特此授权。

本授权书自出具之日起生效。

特此声明。

法定代表人（单位负责人） 身份证明复制件	授权代表身份证明复制件

供应商公章：_____

法定代表人（单位负责人）：_____（签字或盖章）

日　期：_____年_____月_____日

三、资格证明资料

供应商应根据竞价公告/竞价邀请书中的"供应商资格要求",提供相关证明材料,包括但不限于资质证明材料、财务证明材料、业绩证明材料、信誉证明材料、主要人员证明材料等。证明材料一般使用复印件或影印件。

四、响应方案

（格式自拟）

五、其他资料

（供应商须提交的其他资料）

第五章　采购需求

采购需求编制要求：

1. 工程项目应提供图纸、技术标准和要求、工程量清单。

2. 货物项目应尽可能清晰、准确地提出对货物的需求，并对所要求提供的货物名称、规格、数量、单位，以及交货时间、交货地点、技术性能指标、检验考核要求、技术服务和售后服务要求、是否要求或允许对主要材料和关键部件进行外购等作出说明。

3. 服务项目应明确服务采购需求和服务工作开展条件，服务成果（成果文件、周期、质量、配合技术服务等）要求等内容。

◎谈判文件示范文本

_____采购项目

（项目编号：_____）

谈 判 文 件

采购人（或采购代理机构）：_____（单位公章）_____

_____年_____月___日

目　录

第一章　谈判公告

（适用于公告邀请供应商方式）

_____（项目名称）_____已具备采购条件，现公开邀请具备条件的供应商参加谈判采购活动。

1. 采购项目简介

1.1 采购项目名称：_____

1.2 采购项目编号：_____

1.3 采购人：_____

1.4 采购代理机构（如有）：_____

1.5 资金落实情况：_____

1.6 项目概况：_____

1.7 成交供应商数量：□一家　　□_____家（适用于框架协议采购第一阶段）

2. 采购范围及相关要求（工程）

2.1 采购范围：_____

2.2 计划工期：_____（计划开工日期_____，具体以开工令为准）

2.3 建设地点：_____

2.4 工程质量：_____

2. 采购范围及相关要求（货物）

2.1 采购范围：_____

2.2 交货期：_____

2.3 质保期：_____

2.4 货物质量标准：_____

2. 采购范围及相关要求（服务）

2.1 采购范围：_____

2.2 服务期限：_____

2.3 服务地点：_____

2.4 质量要求或服务标准：_____

3. 供应商资格条件

3.1 资质要求：_____

3.2 财务要求：_____

3.3 业绩要求：_____

3.4 信誉要求：_____

3.5 主要人员要求：_____

3.6 其他要求：_____

3.7 本项目____（接受或不接受）____联合体。

组成联合体的,应满足下列要求:_____

4. 谈判文件的获取

4.1 获取时间：_____

4.2 谈判文件售价：_____

4.3 获取方式：_____

5. 响应文件提交截止时间

_____

6. 响应文件提交地点

6.1 提交地点：_____

6.2 逾期送达的、未送达指定地点的响应文件,采购人将拒绝接收。

7. 发布公告的媒介

本次谈判公告在_____（发布公告的媒介名称）_____上发布

8. 联系方式

采购人：_____

地址：_____

联系人：_____

联系电话：_____

电子邮箱：_____

采购代理机构(如有)：_____

地址：_____

联系人：_____

联系电话：_____

电子邮箱：_____

第一章　谈判邀请书

（适用于直接邀请供应商方式）

_____（被邀请单位名称）_____：

_____（项目名称）_____已具备采购条件，现邀请贵单位参加本项目的谈判采购活动。

1. 采购项目简介

1.1 采购项目名称：_____

1.2 采购项目编号：_____

1.3 采购人：_____

1.4 采购代理机构（如有）：_____

1.5 资金落实情况：_____

1.6 项目概况：_____

1.7 成交供应商数量：□一家　　□_____家（适用于框架协议采购第一阶段）

2. 采购范围及相关要求（工程）

2.1 采购范围：_____

2.2 计划工期：_____（计划开工日期_____，具体以开工令为准）

2.3 建设地点：_____

2.4 工程质量：_____

2. 采购范围及相关要求（货物）

2.1 采购范围：_____

2.2 交货期：_____

2.3 质保期：_____

2.4 货物质量标准：_____

2. 采购范围及相关要求（服务）

2.1 采购范围：_____

2.2 服务期限：_____

2.3 服务地点：_____

2.4 质量要求或服务标准：_____

3. 供应商资格条件

3.1 资质要求：_____

3.2 财务要求：_____

3.3 业绩要求：_____

3.4 信誉要求：_____

3.5 主要人员要求：_____

3.6 其他要求：_____

3.7 本项目___（接受或不接受）___联合体。

组成联合体的，应满足下列要求：_____

4. 谈判文件的获取

4.1 获取时间：_____

4.2 谈判文件售价：_____

4.3 获取方式：_____

5. 响应文件提交截止时间

_____

6. 响应文件提交地点

6.1 提交地点：_____

6.2 逾期送达的、未送达指定地点的响应文件，采购人将拒绝接收。

7. 联系方式

采购人：_____

地址：_____

联系人：_____

联系电话：_____

电子邮箱：_____

采购代理机构（如有）：_____

地址：_____

联系人：_____

联系电话：_____

电子邮箱：_____

附件：确认通知

确认通知

_____（采购人名称）_____ :

我方已于_____年_____月_____日收到你方_____年_____月_____日发出的_____（项目名称）_____采购项目的谈判邀请书，并确认___（参加 / 不参加）此次_谈判_采购活动。

特此确认。

被邀请单位名称：_____（单位公章）_____

_____年_____月_____日

第二章 供应商须知

供应商须知前附表

序号	条款名称	内　容
01	踏勘现场（如有）	□本项目无须踏勘现场 □组织集中踏勘现场 □供应商自行踏勘现场 踏勘时间：＿＿＿＿＿＿＿＿＿＿ 踏勘集中地点：＿＿＿＿＿＿＿＿＿ 踏勘联系人及联系电话：＿＿＿＿＿＿＿ 备注：如供应商未按本文件要求，参加采购人统一组织的集中踏勘或未进行自行踏勘现场，视同放弃踏勘，由此引起的一切责任由供应商自行承担
02	分包（工程或服务）	不得分包的内容：＿＿＿＿＿＿＿＿ 对分包的要求：＿＿＿＿＿＿＿＿＿
03	构成谈判文件的其他资料	资料名称：＿＿＿＿＿＿＿＿＿＿＿
04	（货物） 交货期 交货地点 （服务） 服务期 服务地点 （工程） 工期 建设地点	交货期：＿＿＿＿＿＿＿＿＿＿＿ 交货地点：＿＿＿＿＿＿＿＿＿＿ 服务期：＿＿＿＿＿＿＿＿＿＿＿ 服务地点：＿＿＿＿＿＿＿＿＿＿ 工期：＿＿＿＿＿＿＿＿＿＿＿＿ 建设地点：＿＿＿＿＿＿＿＿＿＿
05	付款方式	付款方式：＿＿＿＿＿＿＿＿＿＿＿
06	质保期	质保期：＿＿＿＿＿＿＿＿＿＿＿＿
07	谈判文件澄清和谈判文件异议	采购人将于＿＿＿年＿＿＿月＿＿＿日＿＿＿时前接受谈判文件答疑与异议，逾期不予受理。采购人对谈判文件进行的答疑、澄清、变更或补充，将会及时发布，该内容为谈判文件的组成部分，对供应商具有同样约束力。供应商应主动查询。采购人不承担供应商未及时关注相关信息引发的相关责任
08	响应文件有效期	有效期：＿＿＿＿＿＿＿＿＿＿＿＿
09	最高限价或其计算方法	□无 □有，最高限价或其计算方法：＿＿＿＿＿＿＿
10	响应报价的其他要求	
11	谈判担保	□无 □有，担保金额：＿＿＿＿＿＿＿＿＿＿ 担保形式：＿＿＿＿＿＿＿＿＿＿＿

序号	条款名称	内　容
12	响应文件份数	正本＿＿＿＿＿份,副本＿＿＿＿＿份 (注:若本项目划分为多个包次,且供应商参选多个包次的采购,请分开制作相应的响应文件)
13	资质要求证明材料	□不适用 □适用。供应商应提供相关资质证书的复印件或影印件,以证明具有承担本项目要求的资质 资质证书包括:＿＿＿＿＿＿＿＿＿＿＿＿＿＿＿＿＿ (注:此处应填写资质证书的名称、等级、专业、颁发机构等内容)
14	财务要求证明材料	□不适用 □适用。供应商应提供近年财务会计报表复印件或影印件,包括资产负债表、利润表。近年财务会计报表年份是指:＿＿＿＿＿＿＿年至＿＿＿＿＿＿＿年(供应商的成立时间少于该规定年份的,应提供成立以来的财务会计报表)
15	业绩要求证明材料	□不适用 □适用。供应商应提供近年的类似项目业绩表,以证明具有承担本项目要求的业绩。近年是指:＿＿＿＿＿年至＿＿＿＿＿年 业绩证明材料须提供: □合同／订单 □中标通知书／成交通知书 □竣工验收报告／验收证明 □业绩中业主方开具的证明 □其他材料:＿＿＿＿＿＿＿＿＿＿＿＿＿＿＿＿＿
16	信誉要求证明材料	□不适用 □适用。供应商应提供相关信誉情况的证明材料,包括: ＿＿＿＿＿＿＿＿＿＿＿＿＿＿＿＿＿＿＿＿＿＿
17	承担本项目主要人员要求证明材料	□不适用 □适用。供应商应提供拟委任的主要人员汇总表和主要人员简历表。供应商应填报满足"谈判公告／谈判邀请书"规定的项目负责人和其他主要人员的相关信息,并按如下要求提供相关证明文件: ＿＿＿＿＿＿＿＿＿＿＿＿＿＿＿＿＿＿＿＿＿＿ (注:一般工程和服务项目可以有本项要求,采购人可在此处明确对有关人员职称证书、执业证书、社保缴费证明及业绩证明等具体要求)
18	其他要求证明材料	
19	本地化服务	本项目是否要求本地化服务能力: □不要求 □要求,＿＿＿＿＿＿＿＿＿＿＿＿＿＿＿＿＿＿＿

序号	条款名称	内　容
20	履约担保	□无履约担保 □有履约担保 1. 履约担保的形式：_____ 2. 履约担保的提交时间：_____ 3. 履约担保的金额：_____ 4. 履约担保的退还时间：_____
21	评审样品	□不需要 □需要，_____（样品名称）_____ 样品提交数量：_____ 样品封装要求：_____ 样品提交时间：_____ 样品提交地点：_____ 备注： 1. 未成交供应商的样品：成交公示结束后请各供应商自行取回，否则采购人将在_____个工作日后自行处理 2. 成交供应商的样品：成交公示结束后将由采购人封存，在后期供货时比对，如供货时货物质量明显低于样品质量，视为供货不合格，买方可以拒收 3. 未提供样品或提供的样品不符合比选文件要求的，供应商将自行承担由此带来的后果
22	谈判轮次及谈判顺序	谈判轮次： □本项目共进行_____轮谈判 （注：一般不超过3轮） □谈判小组在首轮谈判前告知参加谈判的合格供应商谈判轮次 □本项目不事先确定谈判轮次，谈判小组根据谈判情况确定，并在最后一轮谈判前告知供应商 谈判顺序：_____
23	评审办法	□最低价评审法　　□综合评分法　　□其他评审办法
24	成交候选供应商公示	公示媒介：_____ 公示期限：_____ 其他应公示的内容：_____
25	成交结果公示	公示媒介：_____ 其他应公示的内容：_____
26	成交结果异议提出时间	□成交候选供应商公示期间内提出 □成交结果公示（通知）3日内提出
27	异议渠道	联系人：_____ 联系方式：_____ 地址：_____ 其他：_____
28	备注	

供应商须知

注：如供应商须知前附表与本部分对同一内容的规定不一致，以供应商须知前附表的规定为准。

（一）采购方式及定义

1. 本次采购采用谈判方式（以下简称"谈判"），本谈判文件仅适用于本□谈判公告/□谈判邀请书中所述项目。

2. 合格的供应商

（1）满足本项目供应商的资格条件的规定；

（2）满足本项目实质性条款的规定。

3. 供应商如果存在下列情形之一的，不得同时参加本项目采购活动：

（1）与采购人存在利害关系且可能影响采购活动公正性的；

（2）与本项目的其他供应商为同一个法定代表人（单位负责人）；

（3）与本项目的其他供应商存在控股、管理关系；

（4）为本项目的采购代理机构；

（5）被责令停产停业、暂扣或者吊销许可证、暂扣或者吊销执照；

（6）进入清算程序，或被宣告破产，或其他丧失履约能力的情形；

（7）法律法规或供应商须知前附表及谈判公告/谈判邀请书规定的其他情形。

4. 谈判费用

供应商应自行承担所有与参加谈判有关的费用，无论比选过程中的做法和结果如何，采购人在任何情况下均无义务和责任承担这些费用。

（二）谈判文件

1. 谈判文件构成

谈判文件由以下部分组成：

（1）谈判公告/谈判邀请书

（2）供应商须知

（3）采购合同

（4）响应文件格式

（5）评审方法

（6）采购需求

2.谈判文件的澄清及修改

（1）任何要求对谈判文件进行澄清的供应商，均应按供应商须知前附表中的时间及联系方式，以书面形式通知采购人。提交首次响应文件截止之日前，采购人可以对已发出的谈判文件进行必要的澄清或者修改，澄清或者修改的内容作为谈判文件的组成部分。澄清或者修改的内容可能影响响应文件编制的，采购人将在提交首次响应文件截止时间至少_____日前，发布更正公告并通知所有获取谈判文件的供应商。不足_____日的，顺延提交首次响应文件截止时间。

（2）除非必要，采购人有权拒绝回复供应商在供应商须知前附表中规定的时间后提出的任何澄清要求。

（三）响应文件的提交及编制

1.供应商应当在谈判文件要求的截止时间前，将响应文件密封送达指定地点。在截止时间后送达的响应文件采购人将拒绝接受。供应商在提交响应文件截止时间前，可以对所提交的响应文件进行补充、修改或者撤回，并书面通知采购人。补充、修改的内容作为响应文件的组成部分。补充、修改的内容与响应文件不一致的，以补充、修改的内容为准。

2.供应商应当按照谈判文件的要求编制响应文件，并对其提交的响应文件的真实性、合法性承担法律责任。

3.响应文件的语言及度量衡单位

（1）供应商提交的响应文件以及供应商与采购人就有关谈判采购活动的所有来往通知、函件和文件均应使用简体中文；

（2）除技术性能另有规定外，响应文件所使用的度量衡单位，均须采用国家法定计量单位。

4.响应文件构成

（1）供应商应该按照谈判文件的要求编写响应文件；

（2）供应商应将响应文件按顺序装订成册，并编制响应文件资料目录。

5.证明供应商资格及符合谈判文件规定的文件

（1）供应商应按要求提交资格证明文件及符合谈判文件规定的文件；

（2）供应商除必须具有履行合同所需的提供货物以及服务的能力外，还必须具备相应的财务、技术方面的能力。

6. 谈判担保

（1）供应商应按照谈判文件的相关规定提交谈判担保。供应商提交的谈判担保必须在响应文件提交截止时间前送达，并作为其响应文件的组成部分，否则将被视为非实质性响应而予以拒绝；

（2）未成交供应商的谈判担保将在成交通知书发出后 10 个工作日内退还；

（3）有下列情形之一的，谈判担保不予退还：

① 供应商在提交响应文件截止时间后撤销响应文件的；

② 供应商在响应文件中提供虚假材料的；

③ 除因不可抗力或谈判文件认可的情形以外，成交供应商不与采购人签订合同的；

④ 供应商与采购人、其他供应商恶意串通的；

⑤ 谈判文件规定的其他情形。

7. 响应文件份数和签署

（1）供应商应严格按照供应商须知前附表中要求的份数准备响应文件，每份响应文件须清楚地标明"正本"或"副本"字样。一旦正本和副本不符，以正本为准。

（2）若项目分包，响应文件按包分别制作，采用非活页方式装订。若供应商认为需要附产品样本等资料的，相关资料不得散装，可装订在响应文件的最后部分（特殊规格的图纸、方案、图片、资料除外）。响应文件如采用不牢固装订，不牢固装订包括但不限于各种活页夹、文件夹、塑料方便式书籍（插入式或穿孔式）等，导致响应文件不完整、影响评审的，一切后果由供应商自行承担。

（3）除供应商对错处做必要修改外，响应文件不得行间插字、涂改或增删。如有修改错漏处，必须由响应文件签署人签字或盖章。

（四）响应文件的提交

1. 响应文件的密封和标记

（1）供应商应将响应文件正本和所有副本密封，并加盖供应商公章。不论供应商成交与否，响应文件均不退回。电子版文件随响应文件一起密封。

（2）密封的响应文件应按照下列要求：

① 注明供应商名称，如因标注不清而产生的后果由供应商自负。按谈判文件中注明的地址送达。

② 注明谈判项目名称、项目编号。

③ 未按要求密封和加写标记，采购人对误投或过早启封概不负责。对由此造成提前开封的响应文件，采购人将予以拒绝，作无效响应处理。

2. 响应文件提交截止时间

（1）采购人收到响应文件的时间不得迟于谈判文件中规定的截止时间；

（2）采购人可以按照规定，通过修改谈判文件有权酌情延长响应文件提交截止时间。

（五）谈判与评审

1. 提交响应文件

（1）采购人将在谈判文件中规定的时间和地点组织谈判。供应商应委派携带有效证件的代表准时参加，参加谈判的代表需签名以证明其出席。

（2）供应商应当在响应文件提交截止时间前，将响应文件密封送达供应商须知前附表指定响应文件接收地点。

（3）在响应文件提交截止时间之后送达的响应文件，采购人将拒绝接收。

2. 谈判小组

（1）采购人将组建谈判小组，由谈判小组按照谈判文件中规定的程序和评审方法对供应商提交的响应文件进行谈判及评审。

（2）谈判小组将按规定由 3 人或以上单数组成。

（3）谈判小组成员有下列情形之一的，应当回避：

① 供应商主要负责人或供应商主要负责人的近亲属。

② 与供应商有经济利益关系或其他利害关系，可能影响公平公正评审的。

（4）谈判小组成员应当按照客观、公正、审慎的原则，根据谈判文件规定的评审程序、评审方法和评审标准进行独立评审。未实质性响应谈判文件的响应文件按无效响应处理。

（5）在评审过程中，谈判小组成员对需要共同认定的事项存在争议的，将按照少数服从多数的原则作出结论。持不同意见的谈判小组成员应当在评审报告上签署不同意见及理由，否则视为同意评审结果。

3. 初步评审

（1）谈判小组按照谈判文件评审方法中规定的评审标准和程序对供应商提交的响应文件进行初步评审。初步评审主要对响应文件的形式、供应商资格和响应文件的响应性进行审查，以判断响应文件的形式是否符合要求、供应商是否符合资格条件、响应文件是否实质性响应采购文件的要求。

（2）响应文件的形式或供应商资格不符合采购文件的要求、响应文件未实质性响应采购文件的要求，或响应文件中有含义不明确、同类问题表述不一致或有明显文字和计算错误的内容，谈判小组可以要求供应商在规定时间进行澄清、说明和补正。供应商澄清、说明和补正内容应由法定代表人（单位负责人）或其授权的代理人签字或加盖单位公章。澄清、说明和补正的内容作为响应文件的组成部分。

（3）只有通过初步评审的供应商才可以参与谈判环节，经供应商澄清、说明和补正后仍未通过初步评审的响应文件将被视为无效响应，谈判小组应告知有关供应商。

4. 谈判

（1）谈判小组应按照供应商须知前附表规定的谈判轮次及谈判顺序与通过初步评审的供应商逐一进行谈判。

（2）谈判小组所有成员应集中与单一供应商逐一进行谈判，并给予所有参与谈判的供应商平等谈判的机会。供应商的法定代表人（单位负责人）或其授权的代理人应参加谈判。供应商的法定代表人（单位负责人）或其授权的代理人在谈判过程中做出的承诺将构成响应文件的组成部分。

（3）谈判小组根据与供应商的谈判情况可能实质性变动谈判文件的内容，包括采购需求中的技术、服务要求以及合同草案条款。谈判文件有实质性变动的，经采购人代表确认作为谈判文件的有效组成部分，谈判小组将以书面形式通知所有参加谈判的供应商。

5. 提交最终报价

（1）谈判结束后，谈判小组将要求所有参加谈判环节的供应商在规定的时间内提交最终报价。最终报价应由供应商的法定代表人（单位负责人）或其授权的代理人签字并加盖单位公章。最终报价是供应商响应文件的组成部分。

（2）谈判过程中，谈判小组发现供应商的报价或者某些分项报价明显不合理或者低于成本，有可能影响商品质量或不能诚信履约的，应当要求其在规定的期限内提供书面文件予以解释说明，并提交相关证明材料；否则，谈判小组可以取消该供应商的成交候选资格，按顺序由排在后面的成交候选人递补，以此类推。

6. 详细评审及推荐成交候选供应商

（1）谈判小组按照谈判文件评审方法中规定的评审因素、评审标准和程序对供应商的响应文件进行详细评审。评审方法中没有规定的评审因素和评审标准不作为评审依据。

（2）评审完成后，谈判小组应当根据评审情况推荐成交候选单位，并编写评审报告。

7. 成交公示

成交候选供应商选定后，采购人将按照供应商须知前附表规定的公示媒介和公示期限对成交候选供应商名单进行公示，公示内容详见供应商须知前附表。（采用公告方式公开邀请供应商适用）

8. 响应无效和终止谈判活动条款

（1）响应无效条款

① 未按要求提交谈判担保的；

② 未按照谈判文件规定要求密封、签署、盖章的；

③ 供应商不具备谈判文件中规定资格条件或未提供相应证明材料的；

④ 明显不符合项目需求的要求；

⑤ 响应文件附有采购人不能接受的条件；

⑥ 响应文件中有伪造证明材料或弄虚作假情形的；

⑦ 被谈判小组认定为相互串通的；

⑧ 不符合谈判文件中规定的其他实质性要求的；

⑨其他法律法规及本谈判文件规定的属响应无效的情形。

（2）终止谈判采购活动的条款

出现下列情形之一的，采购人将终止谈判采购活动，发布项目终止公告并说明原因，重新开展采购活动：

①因情况变化，不再符合规定的谈判采购方式适用情形的；

②出现影响采购公正的违法、违规行为的。

9.确定成交供应商

（1）采购人在评审结束后＿＿＿个工作日内，从评审报告提出的成交候选单位中确定成交单位并发出成交通知书。

（2）在发出成交通知书的同时，采购人将在供应商须知前附表规定的公告媒介发布成交结果公告，公告内容详见供应商须知前附表。

（六）授予合同

1.采购人与成交单位应当在成交通知书发出之日起＿＿＿日内，按照谈判文件确定的合同文本以及技术和服务要求等事项签订采购合同。

2.成交单位拒绝签订采购合同的，采购人可以从评审报告提出的供应商排序中，按照排序由高到低的原则重新确定其他供应商作为成交单位并签订采购合同，也可以重新开展采购活动。拒绝签订采购合同的供应商不得参加对该项目重新开展的采购活动。

3.谈判文件、成交供应商的响应文件及谈判过程中的有关澄清、承诺文件均应作为合同附件。

（七）其他

1.如谈判小组一致认为所有响应文件均未能对谈判文件作出实质性响应，可以否决所有的响应文件，采购人将宣布本次谈判无效，并重新组织采购。

2.合格供应商不足两家处理预案。响应文件提交截止时间后供应商提交响应文件不足两家的，或在评审期间出现符合资格条件的供应商或者对谈判文件作实质性响应的供应商不足两家情形的，采购人可以宣布采购失败，或经采购人采购主管部门或单位（包括采购人内部主管采购的部门、采购人的上级单位或主管采购的其他机构）审批，进行直接采购程序，资格性审查或符合性审查不合格的供应商不得参与评审或者直接采购程序。

3.供应商应对其提供资料的真实性和有效性负责。

（八）异议

1.供应商对谈判采购活动事项有疑问的，可以向采购人提出询问。采购人将在三日内作出答复。

2.供应商若认为谈判文件、采购过程和成交结果使自己的权益受到损害，应当在下列时间内以书面形式向采购人提出：

（1）关于谈判文件的异议，应在供应商须知前附表规定的时间前提出；

（2）关于采购过程的异议，应在采购程序环节结束之日起三日内提出；

（3）关于成交结果的异议，详见供应商须知前附表。

3.异议应当包括下列内容：

（1）异议供应商的名称、地址及有效联系方式；

（2）异议事项；

（3）事实依据及相关证明材料；

（4）相关请求及主张。

4.异议应当由异议供应商法定代表人或授权代表人签字并加盖公章，异议函由授权代表人签字的应附法定代表人授权书。

5.采购人将在签收回执之日起三日内作出书面答复，并以书面形式通知与异议处理结果有关的供应商。

6.供应商对采购人无正当理由拒绝受理异议的，可书面向采购人采购主管部门或单位（包括采购人内部主管采购的部门、采购人的上级单位或主管采购的其他机构）反映情况；供应商对采购人的答复不满意，或采购人未在规定的期限作出答复的，可在答复期满后十五日内，按相关规章的规定及程序提出投诉。

（九）解释权

本谈判文件的最终解释权归采购人所有。

第三章　采购合同

第四章　响应文件格式

正本或副本

项目名称：_____第_____包

响 应 文 件

供应商：_____（单位公章）_____

_____年_____月_____日

响应文件资料清单

序号	资料名称	页码范围
一	响应函	
二	供应商首轮报价表	
三	分项价格表(货物／服务／工程)	
四	第　次报价表	
五	谈判响应表(货物／服务),施工组织设计(工程)	
六	类似项目业绩表	
七	法定代表人(单位负责人)授权书	
八	法定代表人(单位负责人)身份证明	
九	生产厂商授权书(货物)	
十	相关授权或承诺书(货物)	
十一	本地化服务情况一览表	
十二	无重大违法记录等情形声明函	
十三	联合体协议	
十四	拟投入本项目的人员情况(工程／服务)	
十五	供应商简介	
十六	有效的营业执照及相关资质证书	
十七	供货及实施方案(货物)／服务方案(服务)	
十八	资格条件和评审方法中规定需要提交的其他证明文件及承诺或供应商认为需要提供的其他资料	
十九	评审指标对应资料索引表	

一、响应函

致_____（采购人名称）_____：

1. 根据贵方"_____（项目名称）_____"（_____〈项目编号〉_____）的谈判文件，经我方仔细研究，愿意以含税价人民币（大写）_____（¥_____）的报价（其中不含税价为：_____；增值税税额为：_____）完成/提供本项目工程/货物/服务，并按合同约定履行义务。

2. 我方的响应文件包括下列内容：

（1）响应函

（2）首轮报价表

（3）分项报价表

（4）谈判响应表/施工组织设计

（5）谈判担保

（6）联合体协议书（如有）

……

响应文件的上述组成部分如存在内容不一致的，以响应函为准。

3. 我方承诺除谈判响应表列出的偏离外，我方响应谈判文件的全部要求。

4. 我方承诺在谈判文件规定的响应文件有效期内不撤销响应文件。

5. 如我方成交，我方承诺：

（1）在收到成交通知书后，在成交通知规定的期限内与你方签订合同；

（2）在签订合同时不向你方提出附加条件；

（3）按照谈判文件要求提交履约担保；

（4）在合同约定的期限内完成合同规定的全部义务。

6. 我方在此声明，所提交的响应文件及有关资料内容完整、真实和准确，且不存在谈判文件中规定的供应商不得存在的情形。

7. _____（其他补充说明）_____

8. 通信地址：_____

法定代表人（单位负责人）或其授权的代理人：_____（签字）_____

电　话：_____　　　传　真：_____

供应商公章_____　　　日　期：_____

二、供应商首轮报价表

项目名称	
供应商全称	
响应范围	全部 / 第_____包
最终报价（人民币）	全部 大写：_____ 小写：_____
交货期 / 服务期 / 工期	
质保期	
备注	

供应商公章：

备注：

1. 本表内容根据谈判文件要求包括了谈判文件要求提供的全部内容的所有费用。

2. 特殊事项在备注中注明。

三、分项价格表（货物）

序号	品名、品牌、规格、型号、材质、原产地及生产厂家	单位	数量	单价	小计	备注
1						
2						
3						
4						
5						
6						
7						
8						
9						
10						
11						
12						
13						
	其他费用					
	…					
	…					
	…					
	合计					

供应商公章：

备注：

1. 表中所列货物为对应本项目需求的全部货物。如有漏项或缺项，供应商承担全部责任。

2. 表中须明确列出参选产品的品名、品牌、规格、型号、材质、原产地及生产厂家，否则响应无效。

3. 本表中的价格均包含增值税。

三、分项报价表（服务）

单位：人民币元

序号	服务内容	数量	单价	小计金额
1				
2				
3				
……				
合计金额				

供应商公章：

备注：表中所列服务为对应本项目技术要求的全部服务内容。如有漏项或缺项，供应商承担全部责任。

三、分项报价表（工程）

（采购人根据国家、行业、地方发布的计价办法，以及施工图纸等设计文件、施工现场实际情况、项目报价要求等，编制适合项目的报价表。参考工程量清单报价书）

四、第_____次报价表

项目名称：_____

项目编号：_____

供应商名称	
响应范围	全部 / 第_____包
谈判总价（详见备注说明）	人民币大写：_____ 人民币小写：_____
备注说明	
谈判小组签字	

供应商公章或代理人签字：

年　　　月　　　日

备注：本页报价表由供应商在谈判现场依谈判情况填写，请加盖公章后带至谈判现场备填。（不需装订在响应文件内）

五、谈判响应表（货物）

按谈判文件规定填写			按供应商响应内容填写	
第一部分：技术部分响应				
序号	品名	技术规格及配置	品牌、型号、技术规格及配置、材质	偏离说明
1				
2				
3				
4				
第二部分：商务部分响应				
序号	内容	谈判要求	响应承诺	偏离说明
1	供货及安装期限			
2	质保期			
3	付款方式			
4	业绩			
5	其他			

供应商公章：

备注：

1. 供应商必须逐项对应描述响应货物的主要参数、材质、配置及服务要求，如不进行描述，仅在响应栏填"响应"或未填写或复制（包括全部复制或主要参数及配置的复制）谈判文件技术参数的，包括有选择性的技术响应（例如在某一分项中出现两个及以上的响应产品品牌或两种及两种以上的技术规格），均可能导致响应文件无效。

2. 供应商响应产品如与谈判文件要求的规格及配置不一致，则须在上表偏离说明中详细注明。

3. 响应部分可后附详细说明及技术资料，并应注明响应文件中对应的页码范围。

五、谈判响应表(服务)

序号	项目	谈判文件的商务条款	响应文件的商务条款	偏离说明 无偏离 正偏离 负偏离	备注
1	服务地点				
2	服务期限				
3	付款方式				
4	……				

序号	项目	谈判文件的技术规格	响应文件的技术规格	偏离说明 无偏离 正偏离 负偏离	备注 (可填写偏离原因和依据)
1					
2					
3					
4					
…	……				

供应商公章:

备注:

1. 供应商根据项目实际填写,表中项目要求不涉及的可留空或自行调整。对合同条款的偏离也应在本表提出。如不填写视为响应谈判文件所有商务条款。

2. 供应商应对照谈判文件中的技术规格和要求,在"技术条款响应/偏离表"中逐条应答,表明拟供服务对采购人的技术规格和要求作出了实质性响应。应答时应进行详细描述,如仅在响应栏填"响应"或未填写或复制(包括复制全部或部分技术要求)谈判文件技术要求的,包括有选择性的技术响应均可能导致响应无效。

3. 供应商提供服务如与谈判文件要求的不一致,则须在上表偏离说明中详细注明"无偏离""正偏离"或"负偏离"。如不填写视为响应谈判文件所有技术条款。

五、施工组织设计（工程）

1. 供应商编制施工组织设计的要求：编制时应采用文字并结合图表形式说明施工方法，应包括拟投入本标段的主要施工设备情况、拟配备本标段的试验和检测仪器设备情况、劳动力计划等。结合工程特点提出切实可行的工程质量、安全生产、文明施工、工程进度、技术组织措施，同时应对关键工序、复杂环节重点提出相应技术措施，如冬（雨）季施工技术、减少噪音、降低环境污染、地下管线及其他地上地下设施的保护加固措施等。

2. 施工组织设计除采用文字表述外可附下列图表，图表及格式要求附后。

附表一　拟投入本标段的主要施工设备表

附表二　拟配备本标段的试验和检测仪器设备表

附表三　劳动力计划表

附表四　计划开、竣工日期和施工进度网络图

附表五　施工总平面图

附表六　临时用地表

附表一：拟投入本标段的主要施工设备表

序号	设备名称	型号规格	数量	国别产地	制造年份	额定功率（kW）	生产能力	用于施工部位	备注
……									

附表二：拟配备本标段的试验和检测仪器设备表

序号	仪器设备名称	型号规格	数量	国别产地	制造年份	已使用台时数	用途	备注
……								

附表三：劳动力计划表

工种	按工程施工阶段投入劳动力情况					
……						

附表四：计划开、竣工日期和施工进度网络图

1. 投标人应提交施工进度网络图或施工进度表，说明按招标文件要求的计划工期进行施工的各个关键日期。

2. 施工进度表可采用网络图（或横道图）表示。

附表五：施工总平面图

投标人应提交一份施工总平面图，绘出现场临时设施布置图表并附文字说明，说明临时设施、加工车间、现场办公、设备及仓储、供电、供水、卫生、生活、道路、消防等设施的情况和布置。

附表六：临时用地表

用途	面积（平方米）	位置	须用时间
……			

六、类似项目业绩表

项目名称：_____   项目编号：_____

序号	业主名称	等级	项目概况	合同金额	合同签订及完成时间	联系人	联系方式
1							
2							
3							
……							

供应商公章：

日期：

备注：提供符合谈判文件要求的供货业绩、用户清单，注明联系方式、联系人等，同时须附合同复印件或系统验收报告复印件。

七、法定代表人(单位负责人)授权书

本授权书声明：本人_____（姓名）_____系_____（供应商名称）_____的法定代表人(单位负责人)，授权_____（供应商授权代表姓名、职务）代表本公司(工厂)参加_____（项目名称）_____采购活动(项目编号：_____)，全权代表本公司(工厂)处理谈判过程的一切事宜。委托事宜包括但不限于：提交响应文件，参与澄清、谈判、签约等。供应商授权代表在谈判过程中所签署的一切文件和处理与之有关的一切事务，本公司均予以认可并对此承担责任。供应商授权代表无转委托权。特此授权。

本授权书自出具之日起生效。

特此声明。

法定代表人(单位负责人) 身份证明复制件	授权代表身份证明复制件

供应商公章：_____

法定代表人(单位负责人)：_____（签字或盖章）_____

日　　期：_____年_____月_____日

备注：

1.本项目只允许有唯一的供应商授权代表，并提供身份证明复制件。

2.法定代表人(单位负责人)参加谈判采购活动的，无需授权书，提供身份证明复制件。

八、法定代表人（单位负责人）身份证明

单位名称：_____

单位性质：_____

地　　址：_____

成立时间：_____年_____月_____日

经营期限：_____

姓　　名：_____　性别：_____

年　　龄：_____　职务：_____

系_____（供应商单位名称）_____的法定代表人（单位负责人）。

特此证明。

法定代表人（单位负责人）

身份证明复制件

供应商：_____（单位公章）

日　期：_____年____月____日

九、生产厂商授权书（货物）

（制造商参选的，不需提供此函，如允许签订合同时提供授权，或为自制产品，或不允许代理商／销售商投标，不需此件）

致：＿＿＿＿＿（采购人单位名称）＿＿＿＿＿

＿＿＿＿＿（生产厂商名称）＿＿＿＿是根据＿＿＿＿＿＿依法正式成立的，主营业地点在＿＿＿＿（生产厂商地址）＿＿＿＿。＿＿＿＿＿＿公司是我公司正式授权经营我公司＿＿＿＿（产品名称）＿＿＿＿的商家，它有权提供＿＿＿＿（项目名称）（项目编号：＿＿＿＿＿＿＿）＿＿＿＿所需的由我公司生产或制造的货物。

我公司保证与供应商共同承担该项目的相关法律责任及义务。

贸易公司名称（如涉及进口产品）：＿＿＿＿＿＿＿＿＿＿＿＿＿＿＿＿＿＿＿＿

出具授权书的生产厂商名称：＿＿＿＿＿＿＿＿＿＿＿＿＿＿＿＿＿＿＿＿＿＿＿

授权人公章：＿＿＿＿＿＿＿＿＿＿＿＿＿＿＿＿＿＿＿＿＿＿＿＿＿＿＿＿＿＿

日　　期：＿＿＿＿＿＿＿＿＿＿＿＿＿＿＿＿＿＿＿＿＿＿＿＿＿＿＿＿＿＿

十、相关授权或承诺书（货物）

（供应商可自行制作格式）

谈判文件中若要求提供产品的原厂授权、原厂售后服务承诺函、原厂技术服务承诺书及加盖原厂公章的相关证明材料，供应商须在响应文件中提供上述资料，如响应文件中未提供，供应商须在响应文件中作出书面承诺：如果我公司成交，我单位将在签订合同时向采购人提供上述资料，逾期未提供的，按自动放弃成交资格处理，由此产生的一切相关责任均由我单位承担。

供应商公章：＿＿＿＿＿＿＿＿＿＿＿＿＿＿＿＿＿＿＿＿＿＿＿＿

日　　期：＿＿＿＿＿＿＿＿＿＿＿＿＿＿＿＿＿＿＿＿＿＿＿＿

十一、本地化服务情况一览表

（如谈判文件未作本地化服务要求，不需此件）

供应商全称	
本地化服务形式	☐ 在本地具有固定的办公场所及人员 ☐ 在本地具有固定的合作伙伴 ☐ 在本地注册成立 ☐ 承诺成交即设立本地化服务机构 本地系指：＿＿＿＿＿＿＿（符合本项规定的，在相应位置进行勾选）

以下本地注册的单位无须填写			
本地化服务地点 及联系方式		负责人及联系方式 （附身份证号码）	

服务人员名单及联系方式（附身份证号码）

其他有关证明文件说明（如营业执照等，如有）：

备注：具有合作伙伴的应填写合作伙伴的相关资料，并提供双方的合作协议以及合作伙伴的营业执照等证明文件。

供应商公章：（盖章）

备注：供应商应根据供应商须知的要求填写本表，按照实际情况在"本地化服务形式"进行勾选。

十二、无重大违法记录等情形声明函

本单位郑重声明,根据谈判采购活动的规定,本单位无以下规定的被限制性情形:

(1)被市场监督管理机关在全国企业信用信息公示系统中列入严重违法失信企业名单(以国家企业信用信息公示系统 http://www.gsxt.gov.cn/index.html 查询结果为准);

(2)被最高人民法院在"信用中国"网站(www.creditchina.gov.cn)或各级信用信息共享平台中列入失信被执行人名单;

(3)《供应商须知》规定的被限制参与采购活动情形。

组建联合体谈判的,保证联合体各成员均无上述被限制性情形(如本项目接受联合体谈判的话)。

我单位已就上述各被限制性情形,按照上述规定进行了查询及确认。我单位承诺:合同签订前,若我单位具有上述情形,贵方可取消我单位成交资格或者不授予合同,所有责任由我单位自行承担。同时,我单位愿意无条件接受监管部门的调查处理。

我单位对上述声明的真实性负责。如有虚假,将依法承担相应责任。

供应商(单位公章): ＿＿＿＿＿＿＿

法定代表人(单位负责人)或其委托代理人(签字): ＿＿＿＿＿＿＿

＿＿＿年＿＿＿月＿＿＿日

十三、联合体协议

（不允许联合体谈判或未组成联合体谈判，不需此件）

_____与_____就"_____"（项目编号：_____）的谈判采购有关事宜，经各方充分协商一致，达成如下协议：

一、由_____牵头，_____参加，组成联合体共同进行本项目的谈判工作。

二、_____为本次谈判的牵头方，联合体以牵头方的名义参加采购活动。牵头方负责项目的一切组织、协调工作，并授权代理人以联合体的名义参加项目的采购活动，代理人在提交文件、澄清、谈判、评审、合同签订过程中所签署的一切文件和处理与本次采购活动的有关一切事物，联合体各方均予以承认并承担法律责任。联合体成交后，联合体各方共同或授权联合体牵头方与采购人签订合同，就本谈判项目对采购人承担连带责任。

三、如联合体成交，则牵头方负责_____等工作；参加方负责_____等工作。联合体各方就本项目所有内容向采购人承担连带责任。

四、各方不得再以自己名义单独在本项目中谈判，也不得组成新的联合体参加本项目采购活动。

五、未成交，本协议自动废止。

牵头方：（公章）　　　　　　参加方：（公章）
法定代表人：　　　　　　　　法定代表人：
地址：　　　　　　　　　　　地址：
邮编：　　　　　　　　　　　邮编：
电话：　　　　　　　　　　　电话：

签订日期：____年___月___日

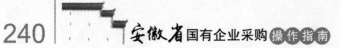

十四、拟投入本项目的人员情况（工程/服务）

（一）项目管理机构组成表

职务	姓名	职称	执业或职业资格证明					备注
			证书名称	级别	证号	专业	养老保险	
……								

（二）主要人员简历表

"主要人员简历表"中的项目负责人（项目经理）应附资质证书、身份证、职称证、学历证、养老保险复制件，管理过的项目业绩须附合同协议书复制件；技术负责人应附身份证、职称证、学历证、养老保险复制件，管理过的项目业绩须附证明其所任技术职务的企业文件或用户证明；其他主要人员应附职称证（执业证或上岗证书）、养老保险复制件。

姓名		年龄		学历	
职称		职务		拟在本合同任职	
毕业学校	_____年毕业于_____学校_____专业				
主要工作经历					
时间	参加过的类似项目		担任职务	发包人及联系电话	
……					

十五、供应商简介

（格式自拟）

十六、有效的营业执照及相关资质证书复制件

十七、供货及实施方案（货物）/ 服务方案（服务）

（格式自拟）

十八、资格条件和评审方法中规定需要提交的其他证明文件及承诺或供应商认为需要提供的其他资料

（格式自拟）

十九、评审指标对应资料索引表

序号	谈判文件"评审办法"评审对应指标	陈述、说明、方案及证明资料名称	响应文件对应页码范围
一	初步审查指标		
1			
2			
3			
……			
二	详细审查指标		
1			
2			
3			
……			

备注：供应商应根据谈判文件评审办法的要求填写上述表格，并在响应文件中提供初审指标及详审指标(可就某一指标分开列明)逐条相对应的陈述、说明、方案及证明资料与对应页码范围。

第五章 评审方法

（综合评分法）

综合评分法：谈判小组根据谈判文件的要求，对通过谈判文件初审和详细审查的供应商的商务分、技术分进行综合评审后，选择能最大限度地满足谈判文件规定的各项综合评价标准，以商务分和技术分之和由高到低的顺序，向采购人推荐一至三名有排序的合格的成交候选人，若出现总得分相同的情况，确定技术得分最高的供应商为成交人，若出现商务和技术得分均相同的情况，由谈判小组投票决定成交人。（满分 100 分，计算过程和结果均保留 2 位小数，第 3 位四舍五入）

1. 初步审查

_____（项目名称）_____初审表

供应商：

初审指标

序号	指标名称	指标要求	是否通过	响应文件格式及提交资料要求
1	营业执照	合法有效		提供有效的营业执照和税务登记证的复制件，应完整地体现出营业执照和税务登记证的全部内容。已办理"三证合一"登记的，响应文件中提供营业执照复制件即可。联合体谈判的联合体各方均须提供
2	税务登记证	合法有效		
3	响应函	符合谈判文件要求		响应文件格式一
4	法人授权委托书	原件，符合谈判文件要求		法定代表人（单位负责人）参加的无需此件，提供身份证明复印件即可
5	谈判担保	符合谈判文件要求		
6	供应商资格条件要求	符合谈判文件要求		提供资质证书复制件
7	业绩	符合谈判文件要求		
8	本地化服务	符合谈判文件要求		响应文件格式十
9	响应情况	付款方式、供货及安装期限响应 / 服务期 / 工期、质保期响应等		

续表

10	技术参数	符合谈判文件要求		
11	样品	符合谈判文件要求		
12	其他要求	谈判文件列明的其他要求：如参加联合体谈判的供应商应提交各方共同签署的联合体协议等		

初审指标通过标准：
供应商必须通过上述全部指标。

备注：
1. 如果有必要，谈判小组可要求供应商在指定时间内提交补充或证明材料。补充、证明材料不全或未在指定时间内提交，响应无效。
2. 以上证明文件均须合法有效。如按照国家规定需要进行年审的证书，证书必须年审合格。

　　备注：评审中，谈判小组发现供应商的响应文件中对同类问题表述不一致、前后矛盾、有明显文字和计算错误的内容、有可能不符合谈判文件规定等情况需要澄清时，谈判小组将以询问的方式告知并要求供应商以书面方式进行必要的澄清、说明或补正。对于询问后判定为不符合谈判文件的响应文件，谈判小组要提出充足的否定理由，并予以书面记录。最终对供应商的评审结论分为通过和未通过。

询问函格式如下：

<h1 style="text-align:center">询 问 函</h1>

项目名称：_____

项目编号：_____

询问内容	
供应商说明并签字	供应商： 授权委托人签字： 授权委托人身份证号： 日期：
评审结论	□通过。通过理由： □不通过。不通过的谈判文件条款依据：
谈判小组签字	

时间：_____年_____月_____日

2. 谈判

2.1 只有通过初步评审的供应商才可以参与谈判环节，经供应商澄清、说明和补正后仍未通过初步评审的响应文件将被视为无效响应，谈判小组应告知有关供应商。

2.2 谈判小组所有成员集中与单一供应商分别进行谈判，并给予所有参加谈判的供应商平等的谈判机会。谈判并不限定只进行二轮报价,如果谈判小组认为有必要,可以要求供应商进行多轮报价。在谈判内容不做实质性变更及重大调整的前提下,供应商下轮报价不得高于上一轮报价。

2.3 谈判小组根据与供应商谈判的情况可能实质性变动谈判文件的内容,包括采购需求中的技术、服务要求以及合同草案条款。谈判文件有实质性变动的,经采购人代表确认作为谈判文件的有效组成部分,谈判小组将以书面形式通知所有参加谈判的供应商。

2.4 谈判过程中,谈判小组发现供应商的报价或者某些分项报价明显不合理或者低于成本,有可能影响商品质量或不能诚信履约的,应当要求其在规定的期限内提供书面文件予以解释说明,并提交相关证明材料;否则,谈判小组可以取消该供应商的成交候选资格,按顺序由排在后面的成交候选人递补,以此类推。

2.5 谈判结束后,谈判小组应当要求所有继续参加谈判的供应商在规定时间内提交最终报价,最终报价是供应商响应文件的有效组成部分,也是签订合同的依据。

2.6 谈判小组根据供应商提交的最终报价计算商务得分。

3. 商务分(____分)(有效最低价为评审基准价)

3.1 计算报价得分前,由谈判小组审查各供应商最终报价是否有异常情况。

3.2 评审基准价:所有有效报价的最低价。(有效报价系指:通过初步审查的供应商按照谈判小组的要求提交的最终报价)

3.3 价格得分计算:以经过初步评审确认的供应商的最终报价与评审基准价相比,与基准价相等的得____分,当供应商的有效报价高于评审基准价时,每高1%扣____分(不足部分按四舍五入法计算),扣完为止。

3.4 各供应商应按拟开具的一般纳税人增值税专用发票金额报价,否则视为无效。

3. 商务分(____分)(有效报价平均价为评审基准价)

3.1 计算报价得分前,由谈判小组审查各供应商最终报价是否有异常情况。

3.2 评审基准价的确定:所有有效报价的算数平均值。(有效报价系指:通过初步审查的供应商按照谈判小组的要求提交的最终报价)

3.3 以经过初步评审确认的供应商最终报价与评审基准价相比,与基准价相等的得＿＿分,每偏离 +1% 扣＿＿分,每偏离 –1% 扣＿＿分 (不足部分按四舍五入计算),扣完为止,不计负分。

3.4 各供应商应按拟开具的一般纳税人增值税专用发票金额报价,否则视为无效。

4. 技术分(＿＿分,取所有评审小组评分的平均值作为供应商最终技术得分)

类别	评分内容	评分标准	分值范围
技术分(＿＿分)			X–Y
			X–Y
			X–Y
			X–Y
资信分(＿＿分)			X–Y
			X–Y
			X–Y
			X–Y

5. 评审纪律

5.1 谈判小组在评审过程中发现的问题,应当区别情形及时作出处理或者向采购人提出处理建议,并作书面记录。

5.2 评审后,谈判小组应编写评审报告并签字。评审报告是谈判小组根据全体谈判小组成员签字的原始评审记录和评审结果编写的报告,谈判小组全体成员均须在评审报告上签字。评审报告应如实记录本次评审的主要过程,全面反映评审过程中的各种不同的意见,以及其他澄清、说明、补正事项。

5.3 谈判小组成员应当在评审报告上签字,对自己的评审意见承担法律责任。对评审报告有异议的,应当在评审报告上签署不同意见,并说明理由,否则视为同意评审报告。

5.4 谈判小组和工作人员应严格遵守规章制度;严格按照本次谈判文件进行评审;公正廉洁、不徇私情,不得损害国家利益;保护采购人、供应商的合法权益。

5.5 在评审过程中,谈判小组及其他工作人员必须对评审情况严格保密,任何人不得将评审情况透露给与供应商有关的单位和个人。如有违反评审纪律的情况发生,将依据相关规定,追究有关当事人的责任。

第五章　评审方法

（最低价评审法）

一、总　则

第一条　为了做好＿＿＿＿（项目名称）＿＿＿＿采购（项目编号：＿＿＿＿＿＿＿＿＿）的谈判评审工作，保证项目评审工作的正常有序进行，维护采购人、供应商的合法权益，依据相关法律法规，本着公开、公平、公正的原则，制定评审办法。

第二条　谈判采用最低价评审法评审。最低价评审法是指响应文件满足谈判文件全部实质性要求且响应报价最低的供应商为成交候选人的评审方法。

第三条　本项目将组建谈判小组，谈判小组成员由 3 人以上单数组成，谈判小组及其成员应当依照有关规定履行相关职责和义务。

第四条　谈判小组对响应文件进行评审，并根据谈判文件规定的程序、评定成交的标准等事项与实质性响应谈判文件要求的供应商进行谈判。

第五条　谈判小组应当从质量和服务均能满足谈判文件实质性响应要求的供应商中，按照评审办法提出成交候选人，并编写评审报告。

第六条　谈判小组按照"客观公正，实事求是"的原则，评价参加本次谈判的供应商所提供的产品价格、性能、质量、服务及对谈判文件的符合性及响应性。

二、评审程序及评审细则

第七条　谈判小组应认真研究谈判文件，至少应了解和熟悉以下内容：

（一）采购的目标；

（二）谈判项目的范围和性质；

（三）谈判文件规定的主要技术要求、标准和商务条款；

（四）谈判文件规定的评审标准、评审方法和在评审过程中考虑的相关因素。

第八条　有效响应文件应符合以下原则：

（一）满足谈判文件的实质性要求；

（二）无重大偏离、保留或采购人不能接受的附加条件；

（三）谈判小组依据谈判文件认定的其他原则。

第九条　谈判小组将对响应文件的有效性、完整性和响应程度进行审查，审查时可以要求供应商对响应文件中含义不明确、同类问题表述不一致或者有明显文字和计算错误的内容等作出必要的澄清、说明或者更正。

第十条　谈判小组要求供应商澄清、说明或者更正响应文件应当以书面形式作出。供应商的澄清、说明或者更正应当由法定代表人或其授权代表签字或者加盖公章。由授权代表签字的，应当附法定代表人授权书。供应商为自然人的，应当由本人签字并附身份证明。

询问函格式如下：

询 问 函

项目名称：＿＿＿＿＿＿＿＿＿＿＿＿＿＿＿＿

项目编号：＿＿＿＿＿＿＿＿＿＿＿＿＿＿＿＿

询问内容	
供应商说明并签字	供应商： 授权委托人签字： 授权委托人身份证号： 日期：
评审结论	□通过。通过理由： □不通过。不通过的谈判文件条款依据：
谈判小组签字	

时间：＿＿＿年＿＿＿月＿＿＿日

第十一条　谈判小组按照下表内容进行响应有效性评审,响应有效性评审分为初审和详审。

_____(项目名称)_____评审表

供应商:

一、初审指标

序号	指标名称	指标要求	是否通过	响应文件格式及提交资料要求
1	营业执照	合法有效		提供有效的营业执照和税务登记证的复印件或影印件,应完整地体现出营业执照和税务登记证的全部内容。已办理"三证合一"登记的,响应文件中提供营业执照复印件或影印件即可。联合体谈判的,联合体各方均须提供
2	税务登记证	合法有效		
3	响应函	符合谈判文件要求		响应文件格式一
4	法人授权委托书	原件,符合谈判文件要求		法定代表人参加的无需此件,提供身份证明复印件即可
5	谈判担保	符合谈判文件要求		
6	供应商资格条件要求	符合谈判文件要求		提供资质证书复印件或影印件
7	业绩	符合谈判文件要求		
8	本地化服务	符合谈判文件要求		响应文件格式十
9	响应情况	付款方式、供货及安装期限响应/服务期/工期、质保期响应等		
10	样品	符合谈判文件要求		
11	其他要求	谈判文件列明的其他要求:如资质要求、联合体谈判的供应商应提交各方共同签署的联合体协议等		

初审指标通过标准:
供应商必须通过上述全部指标。

二、详审指标（一般货物选用）

序号	指标名称	指标要求	是否通过	不通过的理由及原因
1				
2				
3				
4				
5				
6				

评审指标通过标准：
供应商必须同时满足以下两条要求：
（1）评审指标中第_____、_____、_____、_____项必须通过；
（2）评审指标中必须有_____项及以上通过。

谈判小组签字：
评审时间：

备注：
1. 如果有必要，谈判小组可要求供应商在指定时间内提交补充或证明材料。补充、证明材料不全或未在指定时间内提交，响应无效。
2. 以上证明文件均须合法有效。如按照国家规定需要进行年审的证书，证书必须年审合格。

第十二条　谈判小组独立评审后，谈判小组对供应商某项指标如有不同意见，按照少数服从多数的原则，确定该项指标是否通过。符合初审指标及评审指标通过标准的，为有效响应。

第十三条　只有通过初步评审的供应商才可以参与谈判环节，经供应商澄清、说明和补正后仍未通过初步评审的响应文件将被视为无效响应，谈判小组应告知有关供应商。

第十四条　谈判小组所有成员集中与单一供应商分别进行谈判，并给予所有参加谈判的供应商平等的谈判机会。谈判并不限定只进行二轮报价，如果谈判小组认为有必要，可以要求供应商进行多轮报价。在谈判内容不作实质性变更及重大调整的前提下，供应商下轮报价不得高于上一轮报价。

第十五条　谈判小组根据与供应商的谈判情况可能实质性变动谈判文件的内容，包括采购需求中的技术、服务要求以及合同草案条款。谈判文件有实质性变动的，经采购人代表确认作为谈判文件的有效组成部分,谈判小组将以书面形式通知所有参加谈判的供应商。

第十六条　谈判过程中,谈判小组发现供应商的报价或者某些分项报价明显不合理或者低于成本,有可能影响商品质量或不能诚信履约的,应当要求其在规定的期限内提供书面文件予以解释说明,并提交相关证明材料;否则,谈判小组可以取消该供应商的成交候选资格,按顺序由排在后面的成交候选人递补,以此类推。

第十七条　谈判结束后,谈判小组应当要求所有继续参加谈判的供应商在规定时间内提交最终报价,最终报价是供应商响应文件的有效组成部分,也是签订合同的依据。

第十八条　如果通过响应有效性评审的最终报价出现两家或两家以上相同者,则按照技术指标优劣顺序排出成交候选供应商顺序。

第十九条　谈判小组在评审过程中发现的问题,应当区别情形及时作出处理或者向采购人提出处理建议,并作书面记录。

第二十条　评审后,谈判小组应编写评审报告并签字。评审报告是谈判小组根据全体谈判小组成员签字的原始评审记录和评审结果编写的报告,谈判小组全体成员均须在评审报告上签字。评审报告应如实记录本次评审的主要过程,全面反映评审过程中的各种不同的意见,以及其他澄清、说明、补正事项。

第二十一条　谈判小组成员应当在评审报告上签字,对自己的评审意见承担法律责任。对评审报告有异议的,应当在评审报告上签署不同意见,并说明理由,否则视为同意评审报告。

三、评审纪律

第二十二条　谈判小组和工作人员应严格遵守规章制度;严格按照本次谈判文件进行评审;公正廉洁、不徇私情,不得损害国家利益;保护采购人、供应商的合法权益。

第二十三条　在评审过程中,谈判小组及其他工作人员必须对评审情况严格保密,任何人不得将评审情况透露给与供应商有关的单位和个人。如有违反评审纪律的情况发生,将依据相关规定,追究有关当事人的责任。

第六章　采购需求

采购需求编制要求：

1. 工程项目应提供图纸、技术标准和要求、工程量清单。

2. 货物项目应尽可能清晰。准确地提出对货物的需求，并对所要求提供的货物名称、规格、数量、单位，以及交货时间、交货地点、技术性能指标、检验考核要求、技术服务和售后服务要求、是否要求或允许对主要材料和关键部件进行外购等作出说明。

3. 服务项目应明确服务采购需求和服务工作开展条件、服务成果（成果文件、周期、质量、配合技术服务等）要求等内容。

◎直接采购文件示范文本

_____采购项目

（项目编号：_____）

直接采购谈判文件

采购人（或采购代理机构）：_____（单位公章）_____

_____年_____月_____日

目 录

第一章　谈判邀请书

_____（被邀请单位名称）_____：

_____（项目名称）_____已具备采购条件，现贵单位参加本项目的谈判采购活动。

1. 采购项目简介

1.1 采购项目名称：_____

1.2 采购项目编号：_____

1.3 采购人：_____

1.4 采购代理机构（如有）：_____

1.5 资金落实情况：_____

1.6 项目概况：_____

2. 采购范围及相关要求（工程）

2.1 采购范围：_____

2.2 计划工期：_____（计划开工日期_____，具体以开工令为准）

2.3 建设地点：_____

2.4 工程质量：_____

2. 采购范围及相关要求（货物）

2.1 采购范围：_____

2.2 交货期：_____

2.3 质保期：_____

2.4 货物质量标准：_____

2. 采购范围及相关要求（服务）

2.1 采购范围：_____

2.2 服务期限：_____

2.3 服务地点：_____

2.4 质量要求或服务标准：_____

3. 供应商资格条件

3.1 资质要求：_____

3.2 财务要求：_____

3.3 业绩要求：_____

3.4 信誉要求：＿＿＿＿＿＿＿＿＿＿＿＿＿＿＿＿＿＿＿＿＿

3.5 主要人员要求：＿＿＿＿＿＿＿＿＿＿＿＿＿＿＿＿＿＿＿

3.6 其他要求：＿＿＿＿＿＿＿＿＿＿＿＿＿＿＿＿＿＿＿＿＿

3.7 本项目＿＿（接受或不接受）＿＿联合体。

组成联合体的，应满足下列要求：＿＿＿＿＿＿＿＿＿＿＿＿

4. 谈判文件的获取

4.1 获取时间：＿＿＿＿＿＿＿＿＿＿＿＿＿＿＿＿＿＿＿＿

4.2 谈判文件售价：＿＿＿＿＿＿＿＿＿＿＿＿＿＿＿＿＿＿

4.3 获取方式：＿＿＿＿＿＿＿＿＿＿＿＿＿＿＿＿＿＿＿＿

5. 响应文件提交截止时间

＿＿＿＿＿＿＿＿＿＿＿＿＿＿＿＿＿＿＿＿＿＿＿＿＿＿＿＿

6. 响应文件提交地点

6.1 提交地点：＿＿＿＿＿＿＿＿＿＿＿＿＿＿＿＿＿＿＿＿

6.2 逾期送达的、未送达指定地点的响应文件，采购人将拒绝接收

7. 联系方式

采购人：＿＿＿＿＿＿＿＿＿＿＿＿＿＿＿＿＿＿＿＿＿＿＿

地　　址：＿＿＿＿＿＿＿＿＿＿＿＿＿＿＿＿＿＿＿＿＿＿＿

联系人：＿＿＿＿＿＿＿＿＿＿＿＿＿＿＿＿＿＿＿＿＿＿＿

联系电话：＿＿＿＿＿＿＿＿＿＿＿＿＿＿＿＿＿＿＿＿＿＿

电子邮箱：＿＿＿＿＿＿＿＿＿＿＿＿＿＿＿＿＿＿＿＿＿＿

采购代理机构（如有）：＿＿＿＿＿＿＿＿＿＿＿＿＿＿＿＿

地　　址：＿＿＿＿＿＿＿＿＿＿＿＿＿＿＿＿＿＿＿＿＿＿＿

联系人：＿＿＿＿＿＿＿＿＿＿＿＿＿＿＿＿＿＿＿＿＿＿＿

联系电话：＿＿＿＿＿＿＿＿＿＿＿＿＿＿＿＿＿＿＿＿＿＿

电子邮箱：＿＿＿＿＿＿＿＿＿＿＿＿＿＿＿＿＿＿＿＿＿＿

附件：确认通知

确认通知

_____（采购人名称）_____：

我方已于_____年_____月_____日收到你方_____年_____月_____日发出的___（项目名称）___采购项目的谈判邀请书，并确认___（参加 / 不参加）___此次谈判___采购活动。

特此确认。

被邀请单位名称：_____（单位公章）_____

_____年_____月_____日

第二章　供应商须知

供应商须知前附表

序号	条款名称	内　容
01	踏勘现场（如有）	□本项目无须踏勘现场 □组织集中踏勘现场 □供应商自行踏勘现场 踏勘时间：＿＿＿＿＿＿＿＿＿＿＿＿ 踏勘集中地点：＿＿＿＿＿＿＿＿＿＿ 踏勘联系人及联系电话：＿＿＿＿＿＿ 备注：如供应商未按本文件要求，参加采购人统一组织的集中踏勘或未进行自行踏勘现场，视同放弃踏勘，由此引起的一切责任由供应商自行承担
02	分包（工程或服务）	不得分包的内容：＿＿＿＿＿＿＿＿＿＿＿＿ 对分包的要求：＿＿＿＿＿＿＿＿＿＿＿＿
03	构成采购文件的其他资料	资料名称：＿＿＿＿＿＿＿＿＿＿＿＿＿＿
04	（货物） 交货期 交货地点 （服务） 服务期 服务地点 （工程） 工期 建设地点	交货期：＿＿＿＿＿＿＿＿＿＿＿＿＿＿ 交货地点：＿＿＿＿＿＿＿＿＿＿＿＿ 服务期：＿＿＿＿＿＿＿＿＿＿＿＿＿ 服务地点：＿＿＿＿＿＿＿＿＿＿＿＿ 工期：＿＿＿＿＿＿＿＿＿＿＿＿＿＿ 建设地点：＿＿＿＿＿＿＿＿＿＿＿＿
05	付款方式	付款方式：＿＿＿＿＿＿＿＿＿＿＿＿＿
06	质保期	质保期：＿＿＿＿＿＿＿＿＿＿＿＿＿＿
07	谈判文件澄清和谈判文件异议	采购人将于＿＿＿年＿＿月＿＿日＿＿时前接受谈判文件答疑与异议，逾期不予受理。采购人对谈判文件进行的答疑、澄清、变更或补充，将会及时发布，该内容为谈判文件的组成部分，对供应商具有同样约束力。供应商应主动查询。采购人不承担供应商未及时关注相关信息引发的相关责任
08	响应文件有效期	有效期：＿＿＿＿＿＿＿＿＿＿＿＿＿＿
09	最高限价或其计算方法	□无 □有，最高限价或其计算方法：＿＿＿＿＿
10	响应报价的其他要求	

续表

序号	条款名称	内　容
11	谈判担保	□无 □有,担保金额: _____ 担保形式: _____
12	响应文件份数	正本_____份,副本_____份 备注:若本项目划分为多个包次,且供应商参选多个包次的采购,请分开制作相应的响应文件
13	资质要求证明材料	□不适用 □适用。供应商应提供相关资质证书的复印件或影印件,以证明具有承担本项目要求的资质 资质证书包括: _____ (注:此处应填写资质证书的名称、等级、专业、颁发机构等内容)
14	财务要求证明材料	□不适用 □适用。供应商应提供近年财务会计报表复印件或影印件,包括资产负债表、利润表。近年财务会计报表年份是指: _____年至_____年(供应商的成立时间少于该规定年份的,应提供成立以来的财务会计报表)
15	业绩要求证明材料	□不适用 □适用。供应商应提供近年的类似项目业绩表,以证明具有承担本项目要求的业绩。近年是指: _____年至_____年 业绩证明材料须提供: □合同/订单 □中标通知书/成交通知书 □竣工验收报告/验收证明 □业绩中业主方开具的证明 □其他材料: _____
16	信誉要求证明材料	□不适用 □适用。供应商应提供相关信誉情况的证明材料,包括:
17	承担本项目主要人员要求证明材料	□不适用 □适用。供应商应提供拟委任的主要人员汇总表和主要人员简历表。供应商应填报满足"谈判邀请书"规定的项目负责人和其他主要人员的相关信息,并按如下要求提供相关证明文件: _____ (注:一般工程和服务项目可以有本项要求,采购人可在此处明确对有关人员职称证书、执业证书、社保缴费证明及业绩证明等具体要求)

续表

序号	条款名称	内　容
18	其他要求证明材料	
19	本地化服务	本项目是否要求本地化服务能力： □不要求 □要求，＿＿＿＿＿＿＿＿＿＿＿＿＿＿＿＿
20	履约担保	□无履约担保 □有履约担保 1. 履约担保的形式：＿＿＿＿＿＿＿＿＿＿＿ 2. 履约担保的提交时间：＿＿＿＿＿＿＿＿＿ 3. 履约担保的金额：＿＿＿＿＿＿＿＿＿＿＿ 4. 履约担保的退还时间：＿＿＿＿＿＿＿＿＿
21	评审样品	□不需要 □需要，＿＿＿＿＿（样品名称）＿＿＿＿ 样品提交数量：＿＿＿＿＿＿＿＿＿＿＿＿＿ 样品封装要求：＿＿＿＿＿＿＿＿＿＿＿＿＿ 样品提交时间：＿＿＿＿＿＿＿＿＿＿＿＿＿ 样品提交地点：＿＿＿＿＿＿＿＿＿＿＿＿＿

备注：
1. 未成交供应商的样品：成交公示结束后请各供应商自行取回，否则采购人将在＿＿个工作日后自行处理。
2. 成交供应商的样品：成交公示结束后将由采购人封存，在后期供货时比对，如供货时货物质量明显低于样品质量，视为供货不合格，买方可以拒收。
3. 未提供样品或提供的样品不符合谈判文件要求的，供应商将自行承担由此带来的后果。

序号	条款名称	内　容
22	谈判轮次	谈判轮次： □本项目共进行＿＿＿＿轮谈判 （注：一般不超过3轮） □谈判小组在首轮谈判前告知参加谈判的合格供应商谈判轮次 □本项目不事先确定谈判轮次，谈判小组根据谈判情况确定，并在最后一轮谈判前告知供应商
23	异议渠道	联系人：＿＿＿＿＿＿＿＿＿＿＿＿＿＿＿＿ 联系方式：＿＿＿＿＿＿＿＿＿＿＿＿＿＿＿ 地址：＿＿＿＿＿＿＿＿＿＿＿＿＿＿＿＿＿ 其他：＿＿＿＿＿＿＿＿＿＿＿＿＿＿＿＿＿
24	备注	

供应商须知

注：如供应商须知前附表与本部分对同一内容的规定不一致，以供应商须知前附表的规定为准。

（一）采购方式及定义

1. 本次采购采用谈判方式（以下简称"谈判"），本谈判文件仅适用于本谈判邀请书中所述项目。

2. 合格的供应商

（1）满足本项目供应商的资格条件的规定；

（2）满足本项目实质性条款的规定。

3. 供应商如果存在下列情形之一的，不得同时参加本项目采购活动：

（1）与采购人存在利害关系且可能影响采购活动公正性的；

（2）为本项目的采购代理机构；

（3）被责令停产停业、暂扣或者吊销许可证、暂扣或者吊销执照；

（4）进入清算程序，或被宣告破产，或其他丧失履约能力的情形；

（5）法律法规或供应商须知前附表及谈判邀请书规定的其他情形。

4. 谈判费用

供应商应自行承担所有与参加谈判有关的费用，无论谈判过程中的做法和结果如何，采购人在任何情况下均无义务和责任承担这些费用。

（二）谈判文件

1. 谈判文件构成

谈判文件由以下部分组成：

（1）谈判邀请书

（2）供应商须知

（3）采购合同

（4）响应文件格式

（5）评审方法

（6）采购需求

2.谈判文件的澄清及修改

（1）任何要求对谈判文件进行澄清的供应商，均应按供应商须知前附表中的时间及联系方式，以书面形式通知采购人。提交首次响应文件截止之日前，采购人可以对已发出的谈判文件进行必要的澄清或者修改，澄清或者修改的内容作为谈判文件的组成部分。澄清或者修改的内容可能影响响应文件编制的，采购人将在提交首次响应文件截止时间至少____日前，发布更正公告并通知获取谈判文件的供应商。不足____日的，顺延提交首次响应文件截止时间。

（2）除非必要，采购人有权拒绝回复供应商在供应商须知前附表中规定的时间后提出的任何澄清要求。

（三）响应文件的提交及编制

1.供应商应当在谈判文件要求的截止时间前，将响应文件密封送达指定地点。在截止时间后送达的响应文件采购人将拒绝接受。供应商在提交响应文件截止时间前，可以对所提交的响应文件进行补充、修改或者撤回，并书面通知采购人。补充、修改的内容作为响应文件的组成部分。补充、修改的内容与响应文件不一致的，以补充、修改的内容为准。

2.供应商应当按照谈判文件的要求编制响应文件，并对其提交的响应文件的真实性、合法性承担法律责任。

3.响应文件的语言及度量衡单位

（1）供应商提交的响应文件以及供应商与采购人就有关谈判采购活动的所有来往通知、函件和文件均应使用简体中文；

（2）除技术性能另有规定外，响应文件所使用的度量衡单位，均须采用国家法定计量单位。

4.响应文件构成

（1）供应商应该按照谈判文件的要求编写响应文件；

（2）供应商应将响应文件按顺序装订成册，并编制响应文件资料目录。

5.证明供应商资格及符合谈判文件规定的文件

（1）供应商应按要求提交资格证明文件及符合谈判文件规定的文件；

（2）供应商除必须具有履行合同所需的提供货物以及服务的能力外，还必须具备相应的财务、技术方面的能力。

6. 谈判担保

（1）供应商应按照谈判文件的相关规定提交谈判担保。供应商提交的谈判担保必须在响应文件提交截止时间前送达，并作为其响应文件的组成部分，否则将被视为非实质性响应而予以拒绝；

（2）有下列情形之一的，谈判担保不予退还：

① 供应商在提交响应文件截止时间后撤销响应文件的；

② 供应商在响应文件中提供虚假材料的；

③ 除因不可抗力或谈判文件认可的情形以外，成交供应商不与采购人签订合同的；

④ 供应商与采购人恶意串通的；

⑤ 谈判文件规定的其他情形。

7. 响应文件份数和签署

（1）供应商应严格按照供应商须知前附表中要求的份数准备响应文件，每份响应文件须清楚地标明"正本"或"副本"字样。一旦正本和副本不符，以正本为准；

（2）若项目分包，响应文件按包分别制作，采用非活页方式装订。若供应商认为需要附产品样本等资料的，相关资料不得散装，可装订在响应文件的最后部分（特殊规格的图纸、方案、图片、资料除外）。响应文件如采用不牢固装订，不牢固装订包括但不限于各种活页夹、文件夹、塑料方便式书籍（插入式或穿孔式）等，导致响应文件不完整、影响评审的，一切后果由供应商自行承担；

（3）除供应商对错处做必要修改外，响应文件不得行间插字、涂改或增删。如有修改错漏处，必须由响应文件签署人签字或盖章。

（四）响应文件的提交

1. 响应文件的密封和标记

（1）供应商应将响应文件正本和所有副本密封，并加盖供应商公章。不论供应商成交与否，响应文件均不退回。电子版文件随响应文件一起密封；

（2）密封的响应文件应按照下列要求：

① 注明供应商名称，如因标注不清而产生的后果由供应商自行负责。按谈判文

件中注明的地址送达；

②注明谈判项目名称、项目编号；

③未按要求密封和加写标记，采购人对误投或过早启封概不负责。对由此造成提前启封的响应文件，采购人将予以拒绝，作无效响应处理。

2. 响应文件提交截止时间

（1）采购人收到响应文件的时间不得迟于谈判文件中规定的截止时间；

（2）采购人可以按照规定，通过修改谈判文件有权酌情延长响应文件提交截止时间。

（五）谈判与评审

1. 提交响应文件

（1）采购人将在谈判文件中规定的时间和地点组织谈判。供应商应委派携带有效证件的代表准时参加，参加谈判的代表需签名以证明其出席；

（2）供应商应当在响应文件提交截止时间前，将响应文件密封送达供应商须知前附表指定响应文件接收地点；

（3）在响应文件提交截止时间之后送达的响应文件，采购人将拒绝接收。

2. 谈判小组

（1）采购人将组建谈判小组，由谈判小组按照谈判文件中规定的程序和评审方法对供应商提交的响应文件进行谈判及评审；

（2）谈判小组将按规定由3人或以上单数组成；

（3）谈判小组成员有下列情形之一的，应当回避：

①供应商主要负责人或供应商主要负责人的近亲属；

②与供应商有经济利益关系或其他利害关系，可能影响公平公正评审的。

（4）谈判小组成员应当按照客观、公正、审慎的原则，根据谈判文件规定的评审程序、评审方法和评审标准进行独立评审。未实质性响应谈判文件的响应文件按无效响应处理；

（5）在评审过程中，谈判小组成员对需要共同认定的事项存在争议的，将按照少数服从多数的原则作出结论。持不同意见的谈判小组成员应当在评审报告上签署不同意见及理由，否则视为同意评审结果。

3. 初步评审

（1）谈判小组按照谈判文件评审方法中规定的评审标准和程序对供应商提交的响应文件进行初步评审。初步评审主要对响应文件的形式、供应商资格和响应文件的响应性进行审查，以判断响应文件的形式是否符合要求，供应商是否符合资格条件、响应文件是否实质性响应采购文件的要求。

（2）响应文件的形式或供应商资格不符合采购文件的要求、响应文件未实质性响应采购文件的要求，或响应文件中有含义不明确、同类问题表述不一致或有明显文字和计算错误的内容，谈判小组可以要求供应商在规定时间进行澄清、说明和补正。供应商澄清、说明和补正的内容应由法定代表人（单位负责人）或其授权的代理人签字或加盖单位公章。澄清、说明和补正的内容作为响应文件的组成部分。

（3）只有通过初步评审的供应商才可以参与谈判环节，经供应商澄清、说明和补正后仍未通过初步评审的响应文件将被视为无效响应，谈判小组应告知有关供应商。

4. 谈判

（1）谈判小组应按照供应商须知前附表规定的谈判轮次与通过初步评审的供应商进行谈判。

（2）谈判小组所有成员应集中与单一供应商进行谈判。供应商的法定代表人（单位负责人）或其授权的代理人应参加谈判。供应商的法定代表人（单位负责人）或其授权代理人在谈判过程中做出的承诺将构成响应文件的组成部分。

（3）谈判小组根据与供应商谈判的情况可能实质性变动谈判文件的内容，包括采购需求中的技术、服务要求以及合同草案条款。谈判文件有实质性变动的，经采购人代表确认作为谈判文件的有效组成部分，谈判小组将以书面形式通知参加谈判的供应商。

5. 提交最终报价

（1）谈判结束后，谈判小组将要求参加谈判环节的供应商在规定的时间内提交最终报价。最终报价应由供应商的法定代表人（单位负责人）或其授权的代理人签字并加盖单位公章。最终报价是供应商响应文件的组成部分。

（2）谈判过程中，谈判小组发现供应商的报价或者某些分项报价明显不合理或者低于成本,有可能影响商品质量或不能诚信履约的,应当要求其在规定的期限内提供书面文件予以解释说明,并提交相关证明材料;否则,谈判小组可以取消该供应商的谈判资格,采购人将重新组织采购活动。

6. 详细评审及推荐成交候选供应商

(1)谈判小组按照谈判文件评审方法中规定的评审因素、评审标准和程序对供应商的响应文件进行详细评审。评审方法中没有规定的评审因素和评审标准不作为评审依据。

(2)评审完成后,谈判小组应当根据评审情况推荐成交候选单位,并编写评审报告。

7. 响应无效和终止谈判活动条款

(1)响应无效条款

① 未按要求提交谈判担保的;

② 未按照谈判文件规定要求密封、签署、盖章的;

③ 供应商不具备谈判文件中规定的资格条件或未提供相应证明材料的;

④ 明显不符合项目需求的要求;

⑤ 响应文件附有采购人不能接受的条件;

⑥ 响应文件中有伪造证明材料或弄虚作假情形的;

⑦ 不符合谈判文件中规定的其他实质性要求的;

⑧ 其他法律、法规及本谈判文件规定的属响应无效的情形。

(2)终止谈判采购活动的条款

出现下列情形之一的,采购人将终止谈判采购活动,采购人将在评审报告中注明原因,重新开展采购活动:

① 经谈判,供应商提供的响应方案无法满足采购需求或有采购人不能接受的条件;

② 因情况变化,不再符合规定的直接采购方式适用情形的;

③ 出现影响采购公正的违法、违规行为的。

8. 确定成交供应商

采购人在评审结束后____个工作日内确定成交单位并发出成交通知书。

（六）授予合同

1. 采购人与成交单位应当在成交通知书发出之日起____日内，按照谈判文件确定的合同文本以及技术和服务要求等事项签订采购合同。

2. 成交单位拒绝签订采购合同的，采购人将重新开展采购活动。拒绝签订采购合同的供应商不得参加对该项目重新开展的采购活动。

3. 谈判文件、成交供应商的响应文件及谈判过程中有关澄清、承诺文件均应作为合同附件。

（七）其他

1. 如谈判小组一致认为响应文件均未能对谈判文件做出实质性响应，可以否决响应文件，采购人将宣布本次谈判无效，并重新组织采购。

2. 供应商应对其提供资料的真实性和有效性负责。

（八）异议

1. 供应商对谈判采购活动事项有疑问的，可以向采购人提出询问。采购人将在三日内作出答复。

2. 供应商若认为谈判文件、采购过程和成交结果使自己的权益受到损害，应当在下列时间内以书面形式向采购人提出：

（1）关于谈判文件的异议，应在供应商须知前附表规定的时间前提出；

（2）关于采购过程的异议，应在采购程序环节结束之日起三日内提出；

（3）关于成交结果的异议，应在成交通知信息发布后三日内提出。

3. 异议应当包括下列内容：

（1）异议供应商的名称、地址及有效联系方式；

（2）异议事项；

（3）事实依据及相关证明材料；

（4）相关请求及主张。

4. 异议应当由异议供应商法定代表人或授权代表人签字并加盖公章，异议函由授权代表人签字的应附法定代表人授权书。

5. 采购人将在签收回执之日起三日内作出书面答复，并以书面形式通知与异议处理结果有关的供应商。

6.供应商对采购人无正当理由拒绝受理异议的,可书面向采购人采购主管部门或单位(包括采购人内部主管采购的部门、采购人的上级单位或主管采购的其他机构)反映情况;供应商对采购人的答复不满意,或采购人未在规定的期限作出答复的,可在答复期满后十五日内,按相关规章的规定及程序提出投诉。

(九)解释权

本谈判文件的最终解释权归采购人所有。

第三章　采购合同

第四章　响应文件格式

正本或副本

项目名称：_____第_____包

响应文件

供应商：_____（单位公章）_____

_____年_____月_____日

响应文件资料清单

序号	资料名称	页码范围
一	响应函	
二	供应商首轮报价表	
三	分项价格表（货物／服务／工程）	
四	第____次报价表	
五	谈判响应表（货物／服务），施工组织设计（工程）	
六	类似项目业绩表	
七	法定代表人（单位负责人）授权书	
八	法定代表人（单位负责人）身份证明	
九	生产厂商授权书（货物）	
十	相关授权或承诺书（货物）	
十一	本地化服务情况一览表	
十二	无重大违法记录等情形声明函	
十三	联合体协议	
十四	拟投入本项目的人员情况（工程／服务）	
十五	供应商简介	
十六	有效的营业执照及相关资质证书	
十七	供货及实施方案（货物）／服务方案（服务）	
十八	资格条件和评审方法中规定需要提交的其他证明文件及承诺或供应商认为需要提供的其他资料	
十九	评审指标对应资料索引表	

一、响应函

致＿＿＿＿（采购人名称）＿＿＿＿：

1. 根据贵方"＿＿＿＿（项目名称）＿＿＿＿"（＿＿＿＿〈项目编号〉＿＿＿＿）的谈判文件,经我方仔细研究,愿意以含税价人民币(大写)＿＿＿＿＿＿(¥＿＿＿＿)的报价(其中不含税价为:＿＿＿＿;增值税税额为:＿＿＿＿＿)完成/提供本项目工程/货物/服务,并按合同约定履行义务。

2. 我方的响应文件包括下列内容:

（1）响应函

（2）首轮报价表

（3）分项报价表

（4）谈判响应表/施工组织设计

（5）谈判担保

（6）联合体协议书(如有)

……

响应文件的上述组成部分如存在内容不一致的,以响应函为准。

3. 我方承诺除谈判响应表列出的偏离外,我方响应谈判文件的全部要求。

4. 我方承诺在谈判文件规定的响应文件有效期内不撤销响应文件。

5. 如我方成交,我方承诺:

（1）在收到成交通知书后,在成交通知规定的期限内与你方签订合同;

（2）在签订合同时不向你方提出附加条件;

（3）按照谈判文件要求提交履约担保;

（4）在合同约定的期限内完成合同规定的全部义务。

6. 我方在此声明,所提交的响应文件及有关资料内容完整、真实和准确,且不存在谈判文件中规定的供应商不得存在的情形。

7.＿＿＿＿＿＿＿＿（其他补充说明）＿＿＿＿＿＿＿＿

8. 通信地址:＿＿＿＿＿＿＿＿＿＿＿＿＿＿＿＿

法定代表人(单位负责人)或其授权的代理人:＿＿＿＿（签字）＿＿＿＿

电　　话:＿＿＿＿＿＿＿＿　　传　　真:＿＿＿＿＿＿＿＿

供应商公章＿＿＿＿＿＿＿＿＿＿　　日　　期:＿＿＿＿＿＿＿＿

二、供应商首轮报价表

项目名称	
供应商全称	
响应范围	全部 / 第_____包
最终报价（人民币）	全部 大写：_____ 小写：_____
交货期 / 服务期 / 工期	
质保期	
备注	

供应商公章：

备注：

1. 本表内容根据谈判文件要求包括了谈判文件要求提供的全部内容的所有费用。

2. 特殊事项在备注中注明。

三、分项价格表（货物）

序号	品名、品牌、规格、型号、材质、原产地及生产厂家	单位	数量	单价	小计	备注
1						
2						
3						
4						
5						
6						
7						
8						
9						
10						
11						
12						
13						
	其他费用					
	…					
	…					
	…					
	合计					

供应商公章：

备注：

1. 表中所列货物为对应本项目需求的全部货物。如有漏项或缺项，供应商承担全部责任。

2. 表中须明确列出参选产品的品名、品牌、规格、型号、材质、原产地及生产厂家，否则响应无效。

3. 本表中的价格均包含增值税。

三、分项报价表(服务)

单位:人民币元

序号	服务内容	数量	单价	小计金额
1				
2				
3				
……				
合计金额				

供应商公章:

备注:表中所列服务为对应本项目技术要求的全部服务内容。如有漏项或缺项,供应商承担全部责任。

三、分项报价表(工程)

(采购人根据国家、行业、地方发布的计价办法,以及施工图纸等设计文件、施工现场实际情况、项目报价要求等, 编制适合项目的报价表。参考工程量清单报价书)

四、第____次报价表

项目名称：_____

项目编号：_____

供应商名称	
响应范围	全部/第_____包
谈判总价（详见备注说明）	人民币大写：_____ 人民币小写：_____
备注说明	
谈判小组签字	

供应商公章或代理人签字：

_____年_____月_____日

备注：本页报价表由供应商在谈判现场依谈判情况填写，请加盖公章后带至谈判现场备填（不需装订在响应文件内）。

五、谈判响应表(货物)

按谈判文件规定填写			按供应商响应内容填写	
第一部分: 技术部分响应				
序号	品名	技术规格及配置	品牌、型号、技术规格及配置、材质	偏离说明
1				
2				
3				
4				
第二部分: 商务部分响应				
序号	内容	谈判要求	响应承诺	偏离说明
1	供货及安装期限			
2	质保期			
3	付款方式			
4	业绩			
5	其他			

供应商公章:

备注:

1. 供应商必须逐项对应描述响应货物主要参数、材质、配置及服务要求, 如不进行描述, 仅在响应栏填"响应"或未填写或复制(包括全部复制或主要参数及配置的复制)谈判文件技术参数的, 包括有选择性的技术响应(例如在某一分项中出现两个及以上的响应产品品牌或两种及两种以上的技术规格), 均可能导致响应文件无效。

2. 供应商响应产品如与谈判文件要求的规格及配置不一致, 则须在上表偏离说明中详细注明。

3. 响应部分可后附详细说明及技术资料, 并应注明响应文件中对应的页码范围。

五、谈判响应表（服务）

序号	项目	谈判文件的商务条款	响应文件的商务条款	偏离说明 无偏离 正偏离 负偏离	备注
1	服务地点				
2	服务期限				
3	付款方式				
4	……				

序号	项目	谈判文件的技术规格	响应文件的技术规格	偏离说明 无偏离 正偏离 负偏离	备注（可填写偏离原因和依据）
1					
2					
3					
4					
…	……				

供应商公章：

备注：

1. 供应商根据项目实际填写，表中项目要求不涉及的可留空或自行调整。对合同条款的偏离也应在本表中提出。如不填写视为响应谈判文件所有商务条款。

2. 供应商应对照谈判文件技术规格和要求，在"技术条款响应/偏离表"中逐条应答，表明拟供服务对采购人的技术规格和要求做出了实质性的响应。应答时应进行详细描述，如仅在响应栏填"响应"或未填写或复制（包括复制全部或部分技术要求）谈判文件技术要求的，包括有选择性的技术响应均可能导致响应无效。

3. 供应商提供服务如与谈判文件要求的不一致，则须在上表偏离说明中详细注明"无偏离""正偏离"或"负偏离"。如不填写视为响应谈判文件所有技术条款。

五、施工组织设计（工程）

1. 供应商编制施工组织设计的要求：编制时应采用文字并结合图表形式说明施工方法；拟投入本标段的主要施工设备情况、拟配备本标段的试验和检测仪器设备情况、劳动力计划等；结合工程特点提出切实可行的工程质量、安全生产、文明施工、工程进度、技术组织措施，同时应对关键工序、复杂环节重点提出相应技术措施，如冬雨季施工技术、减少噪音、降低环境污染、地下管线及其他地上地下设施的保护加固措施等。

2. 施工组织设计除采用文字表述外可附下列图表，图表及格式要求附后。

附表一　拟投入本标段的主要施工设备表

附表二　拟配备本标段的试验和检测仪器设备表

附表三　劳动力计划表

附表四　计划开、竣工日期和施工进度网络图

附表五　施工总平面图

附表六　临时用地表

附表一：拟投入本标段的主要施工设备表

序号	设备名称	型号规格	数量	国别产地	制造年份	额定功率（kW）	生产能力	用于施工部位	备注
……									

附表二：拟配备本标段的试验和检测仪器设备表

序号	仪器设备名称	型号规格	数量	国别产地	制造年份	已使用台时数	用途	备注
……								

附表三：劳动力计划表

工种	按工程施工阶段投入劳动力情况						
......							

附表四：计划开、竣工日期和施工进度网络图

1. 投标人应提交施工进度网络图或施工进度表，说明按招标文件要求的计划工期进行施工的各个关键日期。

2. 施工进度表可采用网络图（或横道图）表示。

附表五：施工总平面图

投标人应提交一份施工总平面图，绘出现场临时设施布置图表并附文字说明，说明临时设施、加工车间、现场办公、设备及仓储、供电、供水、卫生、生活、道路、消防等设施的情况和布置。

附表六：临时用地表

用途	面积（平方米）	位置	须用时间
......			

六、类似项目业绩表

项目名称：＿＿＿＿＿＿＿＿　　项目编号：＿＿＿＿＿＿＿＿

序号	业主名称	等级	项目概况	合同金额	合同签订及完成时间	联系人	联系方式
1							
2							
3							
……							

供应商公章：

日期：

备注：提供符合谈判文件要求的供货业绩、用户清单，注明联系方式、联系人等，同时须附合同复印件或系统验收报告复印件。

七、法定代表人(单位负责人)授权书

本授权书声明:本人＿＿(姓名)＿系＿＿(供应商名称)＿＿的法定代表人 (单位负责人),授权＿＿(供应商授权代表姓名、职务)＿＿代表本公司(工厂)参 加＿＿(项目名称)＿＿采购活动(项目编号: ＿＿＿＿＿＿＿),全权 代表本公司(工厂)处理谈判过程的一切事宜。委托事宜包括但不限于: 提交响应文 件,参与澄清、谈判、签约等。供应商授权代表在谈判过程中所签署的一切文件和处 理与之有关的一切事务,本公司均予以认可并对此承担责任。供应商授权代表无转 委托权。特此授权。

本授权书自出具之日起生效。

特此声明。

法定代表人(单位负责人) 身份证明复制件	授权代表身份证明复制件

供应商公章: ＿＿＿＿＿＿＿＿＿

法定代表人(单位负责人): ＿＿＿(签字或盖章)＿＿

日　期: ＿＿年＿＿月＿＿日

备注:

1.本项目只允许有唯一的供应商授权代表,并提供身份证明复制件。

2.法定代表人(单位负责人)参加谈判采购活动的,无需授权书,提供身份证明 复制件。

八、法定代表人（单位负责人）身份证明

单位名称：_____

单位性质：_____

地　　址：_____

成立时间：_____年_____月_____日

经营期限：_____

姓　　名：_____　性别：_____

年　　龄：_____　职务：_____

系_____（供应商单位名称）_____的法定代表人（单位负责人）。

特此证明。


```
┌─────────────────────────────┐
│                             │
│  法定代表人（单位负责人）        │
│  身份证明复制件               │
│                             │
└─────────────────────────────┘
```


供应商：_____（单位公章）_____

日　期：_____年_____月_____日

九、生产厂商授权书（货物）

（制造商参选的，不需提供此函，如允许签订合同时提供授权，或为自制产品，或不允许代理商／销售商投标，不需此件）

致：_____（采购人单位名称）_____

_____（生产厂商名称）_____是根据_____依法正式成立的，主营业地点在_____（生产厂商地址）_____。_____公司是我公司正式授权经营我公司_____（产品名称）_____的商家，它有权提供_____（项目名称）（项目编号：_____）_____所需的由我公司生产或制造的货物。

我公司保证与供应商共同承担该项目的相关法律责任及义务。

贸易公司名称（如涉及进口产品）：_____

出具授权书的生产厂商名称：_____

授权人公章：_____

日　　期：_____

十、相关授权或承诺书（货物）

（供应商可自行制作格式）

谈判文件中若要求提供产品的原厂授权、原厂售后服务承诺函、原厂技术服务承诺书及加盖原厂公章的相关证明材料，供应商须在响应文件中提供上述资料，如响应文件中未提供，供应商须在响应文件中作出书面承诺：如果我公司成交，我单位将在签订合同时向采购人提供上述资料，逾期未提供的，按自动放弃成交资格处理，由此产生的一切相关责任均由我单位承担。

供应商公章：_____

日　　期：_____

十一、本地化服务情况一览表

（如谈判文件未作本地化服务要求，不需此件）

供应商全称			
本地化服务形式	□ 在本地具有固定的办公场所及人员 □ 在本地具有固定的合作伙伴 □ 在本地注册成立 □ 承诺成交即设立本地化服务机构 本地系指：＿＿＿＿＿＿＿＿＿（符合本项规定的，在相应位置进行勾选）		
以下本地注册的单位无须填写			
本地化服务地点及联系方式			负责人及联系方式（附身份证号码）
服务人员名单及联系方式（附身份证号码）			
其他有关证明文件说明（如营业执照等，如有）：			
备注：具有合作伙伴的应填写合作伙伴的相关资料，并提供双方的合作协议以及合作伙伴的营业执照等证明文件。			

供应商公章：（盖章）

备注：供应商应根据供应商须知的要求填写本表，按照实际情况在"本地化服务形式"进行勾选。

十二、无重大违法记录等情形声明函

本单位郑重声明,根据谈判采购活动的规定,本单位无以下规定的被限制性情形:

(1)被市场监督管理机关在全国企业信用信息公示系统中列入严重违法失信企业名单(以国家企业信用信息公示系统 http://www.gsxt.gov.cn/index.html 查询结果为准);

(2)被最高人民法院在"信用中国"网站(www.creditchina.gov.cn)或各级信用信息共享平台中列入失信被执行人名单;

(3)《供应商须知》规定的被限制参与采购活动情形。

组建联合体谈判的,保证联合体各成员均无上述被限制性情形(如本项目接受联合体谈判的话)。

我单位已就上述各被限制性情形,按照上述规定进行了查询及确认。我单位承诺:合同签订前,若我单位具有上述情形,贵方可取消我单位成交资格或者不授予合同,所有责任由我单位自行承担。同时,我单位愿意无条件接受监管部门的调查处理。

我单位对上述声明的真实性负责。如有虚假,将依法承担相应责任。

供应商 (单位公章):

法定代表人(单位负责人)或其委托代理人(签字):

年　　月　　日

十三、联合体协议

（不允许联合体谈判或未组成联合体谈判，不需此件）

_____与_____就"_____"（项目编号：_____）的谈判采购有关事宜，经各方充分协商一致，达成如下协议：

一、由_____牵头，_____参加，组成联合体共同进行本项目的谈判工作。

二、_____为本次谈判的牵头方，联合体以牵头方的名义参加采购活动。牵头方负责项目的一切组织、协调工作，并授权代理人以联合体的名义参加项目的采购活动，代理人在提交文件、澄清、谈判、评审、合同签订过程中所签署的一切文件和处理与本次采购活动的有关一切事物，联合体各方均予以承认并承担法律责任。联合体成交后，联合体各方共同或授权联合体牵头方与采购人签订合同，就本谈判项目对采购人承担连带责任。

三、如联合体成交，则牵头方负责_____等工作；参加方负责_____等工作。联合体各方就本项目所有内容向采购人承担连带责任。

四、各方不得再以自己名义单独在本项目中谈判，也不得组成新的联合体参加本项目采购活动。

五、未成交，本协议自动废止。

牵头方：（公章）   参加方：（公章）

法定代表人：   法定代表人：

地址：   地址：

邮编：   邮编：

电话：   电话：

签订日期：_____年____月____日

十四、拟投入本项目的人员情况（工程／服务）

（一）项目管理机构组成表

职务	姓名	职称	执业或职业资格证明					备注
			证书名称	级别	证号	专业	养老保险	
……								

（二）主要人员简历表

"主要人员简历表"中的项目负责人（项目经理）应附资质证书、身份证、职称证、学历证、养老保险复制件，管理过的项目业绩须附合同协议书复制件；技术负责人应附身份证、职称证、学历证、养老保险复制件，管理过的项目业绩须附证明其所任技术职务的企业文件或用户证明；其他主要人员应附职称证（执业证或上岗证书）、养老保险复制件。

姓名		年龄		学 历	
职称		职务		拟在本合同任职	
毕业学校	_____年毕业于_____学校_____专业				
主要工作经历					
时间	参加过的类似项目			担任职务	发包人及联系电话
……					

十五、供应商简介

（格式自拟）

十六、有效的营业执照及相关资质证书复制件

十七、供货及实施方案（货物）/ 服务方案（服务）

（格式自拟）

十八、资格条件和评审方法中规定需要提交的其他证明文件及承诺或供应商认为需要提供的其他资料

（格式自拟）

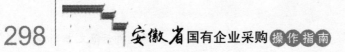

十九、评审指标对应资料索引表

序号	谈判文件"评审办法"评审对应指标	陈述、说明、方案及证明资料名称	响应文件对应页码范围
一	初步审查指标		
1			
2			
3			
……			
二	详审指标		
1			
2			
3			
……			

备注：供应商应根据谈判文件评审办法的要求填写上述表格，并在响应文件中提供初审指标及详审指标（可就某一指标分开列明）逐条相对应的陈述、说明、方案、证明资料及对应页码范围。

第五章　评审方法

一、总　则

第一条　为了做好_____（项目名称）_____采购（项目编号：_____）的谈判评审工作,保证项目评审工作的正常有序进行,维护采购人、供应商的合法权益,依据相关法律法规,本着公平、公正的原则,制定评审办法。

第二条　采购人组织具有相关经验的专业人员与供应商商定合理的成交价格并保证采购项目质量。

第三条　本项目将组建谈判小组,谈判小组成员由 3 人以上单数组成,谈判小组及其成员应当依照有关规定履行相关职责和义务。

第四条　谈判小组对响应文件进行评审,并根据谈判文件规定的程序、评定成交的标准等事项与实质性响应谈判文件要求的供应商进行谈判。

第五条　谈判小组按照"客观公正,实事求是"的原则,评价参加本次比选的供应商所提供的产品价格、性能、质量、服务及对谈判文件的符合性及响应性。

二、评审程序及评审细则

第六条　谈判小组应认真研究谈判文件,至少应了解和熟悉以下内容:

（一）采购的目标;

（二）谈判项目的范围和性质;

（三）谈判文件中规定的主要技术要求、标准和商务条款;

（四）谈判文件规定的评审标准、评审方法和在评审过程中考虑的相关因素。

第七条　有效响应文件应符合以下原则:

（一）满足谈判文件的实质性要求;

（二）无重大偏离、保留或采购人不能接受的附加条件;

（三）通过响应有效性评审;

（四）谈判小组依据谈判文件认定的其他原则。

第八条　谈判小组将对响应文件的有效性、完整性和响应程度进行审查,审查时可以要求供应商对响应文件中含义不明确、同类问题表述不一致或者有明显文字和计算错误的内容等作出必要的澄清、说明或者更正。

第九条　谈判小组要求供应商澄清、说明或者更正响应文件应当以书面形式作出。供应商的澄清、说明或者更正应当由法定代表人或其授权代表签字或者加盖公章。由授权代表签字的,应当附法定代表人授权书。供应商为自然人的,应当由本人签字并附身份证明。

询问函格式如下:

询 问 函

项目名称:＿＿＿＿＿＿＿＿＿＿＿＿
项目编号:＿＿＿＿＿＿＿＿＿＿＿＿

询问内容	
供应商说明并签字	供应商: 授权委托人签字: 授权委托人身份证号: 日期:
评审结论	□通过。通过理由: □不通过。不通过的谈判文件条款依据:
谈判小组签字	

时间:　　年　　月　　日

第十条 谈判小组按下表内容进行响应有效性评审，响应有效性评审分为初审和详审。

（项目名称） 评审表				
供应商：				
一、初审指标				
序号	指标名称	指标要求	是否通过	响应文件格式及提交资料要求
1	营业执照	合法有效		提供有效的营业执照和税务登记证的复印件或影印件，应完整地体现出营业执照和税务登记证的全部内容。已办理"三证合一"登记的，响应文件中提供营业执照复印件或影印件即可。联合体谈判的，联合体各方均须提供
2	税务登记证	合法有效		
3	响应函	符合谈判文件要求		响应文件格式一
4	法人授权委托书	原件，符合谈判文件要求		法定代表人参加的无需此件，提供身份证明复印件即可。
5	谈判担保	符合谈判文件要求		
6	供应商资格条件要求	符合谈判文件要求		提供资质证书复印件或影印件
7	业绩	符合谈判文件要求		
8	本地化服务	符合谈判文件要求		响应文件格式十
9	响应情况	付款方式、供货及安装期限响应/服务期/工期、质保期响应等		
10	样品	符合谈判文件要求		
11	其他要求	谈判文件列明的其他要求：如资质要求、联合体谈判的供应商应提交各方共同签署的联合体协议等		
初审指标通过标准： 供应商必须通过上述全部指标。				

二、详审指标（一般货物选用）

序号	指标名称	指标要求	是否通过	不通过的理由及原因
1				
2				
3				
4				
5				
6				

评审指标通过标准：
供应商必须同时满足以下两条要求：
（1）评审指标中第_____、_____、_____、_____项必须通过；
（2）评审指标中必须有_____项及以上通过。

谈判小组签字：
评审时间：

备注：
1. 如果有必要，谈判小组可要求供应商在指定时间内提交补充或证明材料。补充、证明材料不全或未在指定时间内提交，响应无效。
2. 以上证明文件均须合法有效。如按照国家规定需要进行年审的证书，证书必须年审合格。

第十一条　谈判小组独立评审后，谈判小组对供应商某项指标如有不同意见，按照少数服从多数的原则，确定该项指标是否通过。符合初审指标及评审指标通过标准的，为有效响应。

第十二条　只有通过初步评审的供应商才可以参与谈判环节，经供应商澄清、说明和补正后仍未通过初步评审的响应文件将被视为无效响应，谈判小组应告知有关供应商。

第十三条　谈判小组所有成员集中与单一供应商进行谈判。谈判并不限定只进行二轮报价，如果谈判小组认为有必要，可以要求供应商进行多轮报价。在谈判内容不作实质性变更及重大调整的前提下，供应商下轮报价不得高于上一轮报价。

第十四条　谈判小组根据与供应商谈判的情况可能实质性变动谈判文件的内

容,包括采购需求中的技术、服务要求以及合同草案条款。谈判文件有实质性变动的,经采购人代表确认作为谈判文件的有效组成部分,谈判小组将以书面形式通知参加谈判的供应商。

第十五条 谈判过程中,谈判小组发现供应商的报价或者某些分项报价明显不合理或者低于成本,有可能影响商品质量或不能诚信履约的,应当要求其在规定的期限内提供书面文件予以解释说明,并提交相关证明材料;否则,谈判小组可以取消该供应商的谈判资格。

第十六条 谈判结束后,谈判小组应当要求参加谈判的供应商在规定时间内提交最终报价,最终报价是供应商响应文件的有效组成部分,也是签订合同的依据。

第十七条 谈判小组在评审过程中发现的问题,应当区别情形及时作出处理或者向采购人提出处理建议,并作书面记录。

第十八条 评审后,谈判小组应编写评审报告并签字。评审报告是谈判小组根据全体谈判小组成员签字的原始评审记录和评审结果编写的报告,谈判小组全体成员均须在评审报告上签字。评审报告应如实记录本次评审的主要过程,全面反映评审过程中的各种不同的意见,以及其他澄清、说明、补正事项。

第十九条 谈判小组成员应当在评审报告上签字,对自己的评审意见承担法律责任。对评审报告有异议的,应当在评审报告上签署不同意见,并说明理由,否则视为同意评审报告。

三、 评审纪律

第二十条 谈判小组和工作人员应严格遵守规章制度;严格按照本次谈判文件进行评审;公正廉洁、不徇私情,不得损害国家利益;保护采购人、供应商的合法权益。

第二十一条 在评审过程中,谈判小组及其他工作人员必须对评审情况严格保密,任何人不得将评审情况透露给与供应商有关的单位和个人。如有违反评审纪律的情况发生,将依据相关规定,追究有关当事人的责任。

第六章 采购需求

采购需求编制要求:

1. 工程项目应提供图纸、技术标准和要求、工程量清单。

2. 货物项目应尽可能清晰、准确地提出对货物的需求,并对所要求提供的货物名称、规格、数量、单位,以及交货时间、交货地点、技术性能指标、检验考核要求、技术服务和售后服务要求、是否要求或允许对主要材料和关键部件进行外购等作出说明。

3. 服务项目应明确服务采购需求和服务工作开展条件、服务成果要求(成果文件、周期、质量、配合技术服务要求等)等内容。

后　记

　　为寻求有效解决安徽省国有企业采购现实困难的新途径、新方法,加快推动安徽省国有企业采购规范化、高效化、经济化建设进程,安徽安天利信工程管理股份有限公司作为安徽省招标采购协会第三届企业招标专业委员会轮值主任单位,在安徽省招标采购协会的统一领导下,秉持服务省内国有企业的初衷,编制了《安徽省国有企业采购操作指南》(以下简称"本指南"),冀望为安徽省国有企业采购活动提供指导依据。

　　本指南属于行业推荐性指导用书,适用于以安徽省内国有企业为采购主体进行的非依法必须招标项目采购活动。符合法定条件可不招标,或者招标失败后依法不再招标的依法必招项目,亦可采用本指南中的非招标方式采购。

　　指南全文详细介绍了公开招标、邀请招标、比选采购、竞价采购、谈判采购、直接采购、其他采购方式等行业内具有普遍实践基础的非招标采购方式,对其特点、适用项目类型、程序规则加以说明;同时,根据采购活动流程,按照案例解析、法条阐释、实务经验相结合的思路,融合《民法典》等民事法律知识,依序对采购文件编制至采购合同签订各环节的通用要求及注意事项进行阐释;坚持问题导向,归纳采购程序中常见的疑难事项,以丰富的实务经验为基础,提出有针对性的解决方法,保证在合法合规的基础上,使国有企业采购得以兼顾高效性与经济性,具有一定的理论深度、可操作性与借鉴价值。

　　采购人及采购代理机构通过阅读本指南,能将指南中的相关采购程序规则、疑难事项应对措施、案例分析观点等与自身习惯的认识与做法相对应,从而对国有企业非招标采购会有更深刻的认识，更好地解决实践中出现的类似问题。由于非依法必须进行招标项目采购相关法律规范体系不完备，且受编者知识水平、经验所限，本指南难免存在不足之处，后期我们将根据法律更迭及实践发展情况不断修订完善，敬请批评指正，相关建议和意见可反馈至编者邮箱：2609994999@qq.com

编者委员会

2021 年 11 月